GAZ OAKLEY

GAZ OAKLEY

Plants Only

70 VEGANE,
SCHNELLE REZEPTE
MIT DEM PROTEINKICK
FÜR BUSY PEOPLE

Unimedica

INHALT

07 Ofengerichte 130

08 Burger 146

09 Gemüse, Beilagen & Salate 158

10 Nachspeisen 186

Teller-Aufteilung 213

Index & Danksagung 216

Die Rezeptsymbole

 Gazs 15-Minuten-Gerichte

 One-Pot Gericht

 Proteinreich

 Kann glutenfrei zubereitet werden

 Glutenfrei

 Meal Prep-Stars

VORWORT

Willkommen in der Pflanzenküche!

Wow ... mein drittes Kochbuch! Ich habe in den letzten Jahren daran gearbeitet, dieses Buch zusammenzustellen, mit dem Ziel, schöne und schmackhafte Rezepte zu kreieren, die EINFACH zuzubereiten sind. Und ich kann euch versprechen, dass die Rezepte jeden, für den ihr kocht, vom Hocker hauen werden.

Damit das Nachkochen für euch noch einfacher ist, habe ich neben jedem Rezept Symbole hinzugefügt, die euch verraten, ob das Gericht proteinreich, glutenfrei, in 15 Minuten zubereitet, ein Meal Prep-Star oder ein One-Pot Gericht ist (siehe Rezeptsymbole auf Seite 5). Ich hoffe, dass diese Symbole euch dabei helfen, die vegane Küche zugänglicher und befriedigender zu finden als je zuvor. Um sicherzugehen, dass ihr all eure Ernährungsbedürfnisse abdeckt, schaut euch bitte auch die ideale Teller-Aufteilung auf Seite 213 an.

Meine Leidenschaft für das Kochen ist immer noch so groß wie damals, als ich mit 15 Jahren zum ersten Mal eine Profi-Küche betrat. Ich lerne ständig dazu und liebe es, mit neuen Zutaten und Techniken zu experimentieren. Ihr werdet in diesem Buch viele Gerichte, Zutaten und Aromen aus allen Teilen der Welt entdecken, da ich das Glück hatte, in den letzten Jahren viel zu reisen.

Jedes Foto in diesem Buch ist übrigens echt — wir haben keine ausgefallenen Tricks für die Food-Fotografie angewendet. Es ist alles echtes Essen, von mir gekocht und gestylt. Ich kann garantieren, dass jedes Gericht fantastisch schmeckt.

Egal, ob ihr gerade erst anfangt, euch vegan zu ernähren, ob ihr versucht, tierische Produkte einzuschränken oder ob ihr schon lange vegan lebt — ich hoffe, ihr werdet Plants Only genießen. Und ich freue mich schon darauf, eure nachgekochten Kreationen zu sehen!

Vielen Dank für eure Unterstützung.

Alles Liebe,

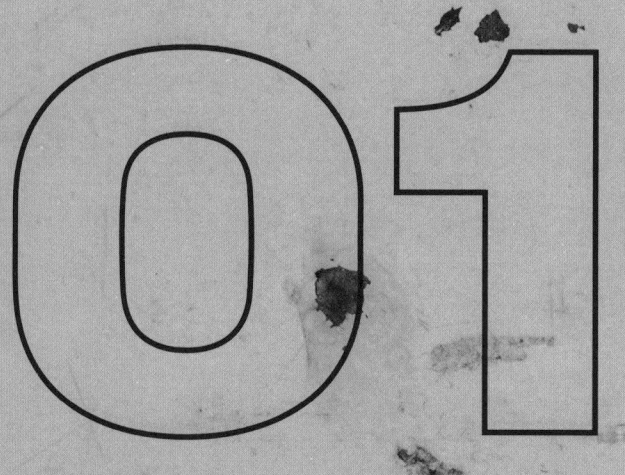

FRÜH-

Frühstück

STÜCK

PORRIDGE IN DREI VARIANTEN

Mein Frühstück besteht an den meisten Tagen aus Porridge, was aber schnell langweilig werden kann. Hier sind meine drei Lieblingsvarianten, um das Ganze etwas aufzupeppen – sie schmecken alle fantastisch!

Porridge Grundrezept

45 g (½ cup) Haferflocken

240 ml (1 cup) cremige Pflanzenmilch

2 EL Ahornsirup oder ein anderer natürlicher Süßstoff

Alle Zutaten in einen Topf geben und den Herd auf niedrige Stufe stellen.

Das Porridge 4 bis 5 Minuten lang unter ständigem Rühren köcheln lassen. Sobald das Porridge sämig und cremig ist, vom Herd nehmen und servieren.

BANANE, HASELNUSS & SCHOKOLADE

FÜR **1 PORTION**	ZEIT **10 MINUTEN**	SCHWIERIGKEIT **3/10**

1 Portion Porridge Grundrezept (s. oben), bei dem 3 TL rohes Kakaopulver während des Kochens eingerührt werden

1 EL Kokosöl

1 Banane, geschält und längs geschnitten

2 TL Kokosnusszucker

1 kleine Handvoll Haselnüsse

1 EL Kakaonibs

Während das Basis-Porridge kocht, eine antihaftbeschichtete Pfanne bei mittlerer Hitze auf den Herd stellen und das Kokosöl hineingeben.

Wenn das Öl heiß ist, die Bananenscheiben hinzufügen und den Kokosnusszucker darüber streuen. Von jeder Seite 2 Minuten braten lassen, bis sie goldbraun sind.

Die karamellisierte Banane, die Haselnüsse und die Kakaonibs auf das Schokoporridge geben.

PROTEINREICHES PORRIDGE S.12

GEDÜNSTETE ERDBEEREN & ERDNUSSBUTTER S.12

BANANE, HASELNUSS & SCHOKOLADE S.10

GEDÜNSTETE ERDBEEREN & ERDNUSSBUTTER

FÜR **1 PORTION**	ZEIT **10 MINUTEN**	SCHWIERIGKEIT **3/10**

6 Erdbeeren, Stielansatz entfernt, halbiert

3 EL Ahornsirup

1 Portion Porridge Grundrezept (Seite 10)

1 EL Erdnussbutter

frische Minze

Zuerst werden die Erdbeeren gedünstet. Dazu die Erdbeerhälften mit dem Ahornsirup und einem Spritzer Wasser in einen Topf geben. Den Topf bei schwacher Hitze auf den Herd stellen und abdecken.

Die Erdbeeren ca. 8 Minuten schmoren lassen und währenddessen das Basis-Porridge zubereiten (Seite 10). Ab und zu umrühren. Das Porridge mit den gedünsteten Erdbeeren, Erdnussbutter und etwas frischer Minze servieren.

Foto auf Seite 11

PROTEIN-REICHES PORRIDGE

FÜR **1 PORTION**	ZEIT **10 MINUTEN**	SCHWIERIGKEIT **3/10**

1 Portion Porridge Grundrezept (Seite 10)

100 g (½ cup) Quinoa, gekocht

2 EL Hanfsamen

1 EL Chiasamen

1 Handvoll gemischte Nüsse

1 EL Goji-Beeren

1 Handvoll frische Kirschen, entsteint

Die gekochte Quinoa während des Kochens in das Basis-Porridge einrühren.

Das Quinoa-Porridge mit Hanfsamen, Chiasamen, gemischten Nüssen, Goji-Beeren und Kirschen belegen.

Foto auf Seite 11

HEIDELBEER-PROTEIN-PANCAKES

Ob ihr es glaubt oder nicht: Buchweizen ist eigentlich ein Knöterichgewächs und eng mit Rhabarber verwandt. Buchweizenmehl eignet sich hervorragend zum glutenfreien Backen und ist das perfekte Mehl für schnelle Frühstückspancakes wie diese, die voller Proteine stecken.

FÜR **2 PORTIONEN**	ZEIT **25 MINUTEN**	SCHWIERIGKEIT **3/10**

120 g (1 cup) Buchweizenmehl

1 TL Backpulver

25 g (1 scoop) veganes Proteinpulver

240 – 300 ml (1 – 1 ¼ cups) Pflanzenmilch

3 EL Agavennektar oder ein anderer natürlicher Süßstoff

2 EL Kokosöl zum Braten

1 kleine Handvoll frische Heidelbeeren

Für die Beerensoße

100 g (1 cup) gefrorene gemischte Beeren

Saft von ½ Zitrone

Zum Anrichten

Hanfsamen, zum Bestreuen

2 EL milchfreier Joghurt

frische Minze

etwas Ahornsirup (optional)

Buchweizenmehl, Backpulver und Proteinpulver in einer Schüssel vermischen. 240 ml Milch und das Süßungsmittel unterrühren. Der Teig sollte ein bisschen dickflüssig, aber noch gießbar sein. Bei Bedarf einen Hauch mehr Milch hinzufügen. Den Teig beiseitestellen.

Für die Zubereitung der Soße die gefrorenen Beeren und den Zitronensaft in einen kleinen Topf geben und bei sehr niedriger Hitze erwärmen. Abdecken und die Beeren zugedeckt 10 Minuten kochen lassen.

Zum Braten der Pfannkuchen eine beschichtete Pfanne bei mittlerer Hitze auf den Herd stellen. Vorsichtig mit Küchenpapier etwas Kokosöl in die Pfanne reiben. Wenn die Pfanne heiß ist, einen Löffel Teig hinein schöpfen. Mit der Rückseite der Kelle den Pfannkuchen in eine schöne Kreisform bringen. Dann schnell einige der frischen Heidelbeeren hinein fallen lassen.

Die Pfannkuchen auf jeder Seite ca. 2 Minuten, oder bis sie goldbraun sind, braten. Den Vorgang so lange wiederholen, bis der gesamte Teig verbraucht ist. Um das Braten zu beschleunigen, nehme ich immer gerne ein paar Pfannen gleichzeitig in Betrieb! Achtet darauf, dass ihr die Pfannen zwischen dem Braten jedes Pfannkuchens sorgfältig einfettet und die Hitze bei Bedarf herunterdreht. Ich empfehle die Verwendung einer Winkelpalette zum Wenden der Pancakes.

Die Pancakes mit der Beerensoße, einer Prise Hanfsamen, einem Löffel milchfreien Joghurt und etwas frischer Minze servieren.

AKEE- „RÜHREI"

Auf Seite 20 seht ihr, wie echt mein Akee-„Rührei" aussieht. Akee ist eine jamaikanische Frucht, die normalerweise mit Salzfisch serviert wird. Sie ist unglaublich cremig, hat einen angenehm feinen Geschmack und wird unter Zugabe von ein paar Gewürzen zu einem fantastischen „Rührei".

FÜR **4 PORTIONEN**	ZEIT **20 MINUTEN**	SCHWIERIGKEIT **3/10**

2 EL Pflanzenöl

5 Frühlingszwiebeln, fein gehackt

½ TL getrockneter Knoblauch oder 1 frische Knoblauchzehe, fein gehackt

½ gelbe oder rote Paprikaschote, fein geschnitten

1 TL geräuchertes Paprikapulver

2 TL getrockneter Thymian

1 x 540 g Dose Akee (auch: Ackee), abgetropft und trocken getupft

60 ml (¼ cup) Pflanzenmilch

1 Handvoll Baby-Spinatblätter, gewaschen, große Stiele entfernt

1 Prise gemahlener Pfeffer

1 Prise Meersalz

Das Öl in einer beschichteten Pfanne auf mittlerer Stufe erhitzen. Die Frühlingszwiebeln, den Knoblauch und die geschnittene Paprikaschote hinzufügen. 4 Minuten anschwitzen oder so lange, bis das Gemüse weich ist.

Mit Paprikapulver und Thymian würzen und noch einige Minuten weiter garen lassen.

Akee in die Pfanne geben und die Stücke mit einem Holzlöffel in kleine Stücke zerbrechen, sodass es einem Rührei ähnelt.

Das Ganze unter Rühren 4 bis 5 Minuten garen.

Die Hitze auf niedrig reduzieren und die Milch hinzufügen. 2 Minuten unter leichtem Rühren erhitzen und dann den Spinat dazugeben.

Sobald der Spinat eingefallen ist, noch einmal mit Salz und Pfeffer abschmecken und servieren.

Foto auf Seite 20

MANGO-FRÜHSTÜCKS-MUFFINS

Ich liebe diese zuckerarmen Muffins zum Mitnehmen. Sie sind einfach zu machen und ideal für Kinder! Experimentiert ruhig mit den Aromen, indem ihr verschiedene getrocknete oder frische Früchte hinzufügt.

FÜR **8 PORTIONEN**	ZEIT **50 MINUTEN**	SCHWIERIGKEIT **5/10**

CAN BE GF

MEAL PREP

Feuchte Zutaten

1 überreife Banane

360 ml (1 ½ cups) Sojamilch oder Pflanzenmilch nach Wahl

115 g (½ cup) vegane Margarine, geschmolzen

2 EL Chiasamen, zu einem feinen Pulver gemixt

Trockene Zutaten

120 g (1 cup) Mehl (Allzweck-mehl) oder glutenfreies Mehl

3 TL Backpulver

100 g (1 cup) gemahlene Haferflocken oder Hafermehl

50 g (½ cup) gemahlene Mandeln

100 g (½ cup) Kokosblütenzucker

1 Prise Meersalz

90 g (½ cup) getrocknete Mango, fein gehackt, plus etwas mehr als Belag (optional)

Den Backofen auf 180 °C vorheizen. Eine Muffinform mit 8 Papierförmchen auslegen.

Zuerst die feuchten Zutaten vorbereiten. Dazu die Banane mit der Sojamilch in einer Schüssel zerdrücken. Nach dem Zerdrücken (stellt sicher, dass nur noch ganz wenige Klümpchen enthalten sind) die geschmolzene vegane Margarine und die Chiasamen unterrühren.

Nun zu den trockenen Zutaten. Das Mehl und das Backpulver in die Schüssel mit der feuchten Mischung sieben. Dann das Hafermehl, die Mandeln, den Zucker, das Salz und die Mango hinzufügen. Alles gut miteinander verrühren.

Den Teig mit einem Löffel in die Muffinförmchen geben, dabei jedes zu etwa drei Viertel füllen. 30 Minuten backen. Die Muffins sollten aufgegangen und schön goldbraun sein. Um zu testen, ob sie gar sind, einen Spieß in einen der Muffins stecken. Wenn er sauber herauskommt, sind sie fertig. Wenn nicht, etwas länger backen.

Die Muffins vor dem Servieren etwas abkühlen lassen. Ich garniere die Oberseite der Muffins gerne mit ein paar zusätzlichen Stücken gehackter Mango.

In einem luftdichten Behälter halten sich die Muffins 2 bis 3 Tage lang frisch.

Foto auf Seite 19

POWERRIEGEL

Hier ein weiteres großartiges Rezept für einen Imbiss zum Mitnehmen, der euch einen echten Energieschub verleiht. Diese Riegel können bis zu 5 Tage in einem verschlossenen Behälter aufbewahrt werden, sodass ihr immer einen Snack bereit habt!

FÜR **12 PORTIONEN**	ZEIT **30 MINUTEN**	SCHWIERIGKEIT **3/10**

180 g (2 cups) Haferflocken

60 g (½ cup) gemischte Nüsse, klein gehackt

70 g (½ cup) gemischte Samen

3 EL rohes Kakaopulver

4 EL geschälte Hanfsamen

4 EL Chiasamen

25 g (½ cup) Goji-Beeren, fein gehackt

6 EL Agavennektar

4 EL Nussbutter

Als Glasur

175 (1 cup) dunkle milchfreie Schokolade, geschmolzen (optional)

Ein tiefes 23 x 23 cm großes Backblech mit Backpapier auslegen und den Backofen auf 180 °C vorheizen.

Alle Zutaten außer der Glasur in eine große Schüssel geben und mit den Händen mischen.

Die Mischung in das ausgekleidete Backblech geben und andrücken. Dann das Blech in den Ofen schieben und 25 Minuten lang backen. Der Teig sollte sich danach fest anfühlen und leicht gebräunt sein.

Nach dem Backen auf ein Kuchengitter stürzen und abkühlen lassen. Nach dem Abkühlen in 12 Riegel schneiden und (wenn gewünscht) mit der geschmolzenen milchfreien Schokolade überziehen.

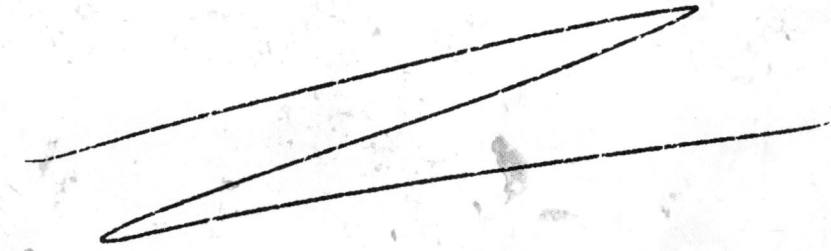

MANGO FRÜHSTÜCKS-MUFFINS S.17

POWERRIEGEL

AKEE-„RÜHR-EI" S.16

KARIBISCHE WAFFELN

FÜR **2 PORTIONEN**	ZEIT **35 MINUTEN**	SCHWIERIGKEIT **5/10**

100 g (1 cup) Buchweizenmehl

125 g (1 cup) Kichererbsenmehl

2 TL Backpulver

1 TL Meersalz

1 TL süßes geräuchertes Paprikapulver

1 TL getrockneter Thymian

1 EL Jerk-Gewürzmischung

240 ml (1 cup) Pflanzenmilch

Pflanzenöl, zum Einfetten

Zum Anrichten

Akee-„Rührei" (s. Seite 16)

Frittierte Kochbananen (s. Seite 168)

Alle trockenen Zutaten in einer Rührschüssel vermischen und die Milch unterrühren, bis keine Klumpen mehr vorhanden sind und die Mischung eine dicke, teigartige Konsistenz hat.

Den Teig beiseitestellen und mindestens 10 Minuten ruhen lassen.

Das Waffeleisen auf mittlerer Stufe vorheizen und mit etwas Öl einsprühen.

Die Hälfte der Mischung einfüllen und das Waffeleisen schließen. Die Waffel 7 Minuten bei mittlerer Hitze backen lassen. Während dieser Zeit das Waffeleisen nicht öffnen.

Nach 7 Minuten die Hitze auf die höchste Stufe stellen und weitere 4 Minuten backen.

Die Waffel aus dem Eisen nehmen. Die Schritte mit der restlichen Mischung wiederholen. Mit Akee-„Rührei" und frittierten Kochbananen servieren.

Öl in einer Sprühflasche eignet sich sehr gut zum Einfetten von Waffeleisen.

WAFFELN AUS DER GRILLPFANNE
mit Beerenkompott

FÜR **4 PORTIONEN**	ZEIT **25 MINUTEN**	SCHWIERIGKEIT **5/10**

Für die Waffeln

1 reife Banane

480 ml (2 cups) cremige Pflanzenmilch

3 EL Ahornsirup

2 TL Vanilleextrakt

1 EL Chiasamen

260 g (2 cups) Mehl oder glutenfreies Mehl

2 TL Backpulver

1 Prise Meersalz

2 EL Pflanzenöl

Für das Kompott

200 g (2 cups) gefrorene gemischte Beeren, aufgetaut

2 EL Wasser

2 EL Kokosblütenzucker

1 EL frischer Zitronensaft

Zum Anrichten

2 EL veganer Joghurt

frische Minze

etwas Ahornsirup

Banane, Milch, Ahornsirup und Vanilleextrakt in eine Rührschüssel geben. Die Banane mit einem Kartoffelstampfer so gut wie möglich zerdrücken, sodass keine Klümpchen mehr enthalten sind. Dann die Chiasamen einrühren.

Mehl, Backpulver und Salz in die Bananenmischung sieben und alles vorsichtig miteinander verrühren. Aber nicht zu viel rühren, sonst wird die Waffel beim Braten nicht mehr leicht und fluffig.

Eine antihaftbeschichtete, ofenfeste Grillpfanne bei schwacher Hitze auf den Herd stellen und die Grillfunktion des Backofens auf hoher Temperatur vorheizen.

Das Öl in die Pfanne geben. Wenn es heiß ist, so viel Teig einfüllen, dass der Boden der Pfanne bedeckt ist. Mit einem Teigschaber den Teig bis in die Ecken der Pfanne verteilen.

Die Waffel 4 bis 5 Minuten auf dem Herd braten lassen, danach die Pfanne 10 Minuten lang unter den Grill auf den untersten Rost stellen.

Während die Waffel backt, die Kompottzutaten in einen Topf geben. Den Topf auf den Herd bei schwacher Hitze aufsetzen und köcheln lassen, bis alles servierfertig ist. Dabei gelegentlich umrühren.

Nach 10 Minuten unter dem Grill sollte eure Waffel schön aufgegangen und oben goldbraun sein.

Die Waffel mit dem Kompott bestreichen und mit Joghurt, frischer Minze und Ahornsirup servieren.

TEMPEH-„SPECK"-BAGELS

Tempeh ist eine meiner bevorzugten veganen Proteinquellen. Versucht am besten, eine Biovariante des Tempehs zu kaufen. Tempeh wird aus fermentierten Sojabohnen hergestellt. Da die ganze Bohne verwendet wird, ist der Proteingehalt hoch und der Geschmack sehr intensiv. Die schnelle „Speck"-Glasur hebt euer Tempeh auf die nächste kulinarische Stufe.

FÜR 2 PORTIONEN	ZEIT 15 MINUTEN	SCHWIERIGKEIT 3/10

Pflanzenöl zum Braten

1 Tempeh-Stück à 200 g, in dünne Streifen geschnitten

12 Kirschtomaten, am Strauch

Für die „Speck"-Glasur

2 EL Ahornsirup

2 Tropfen Flüssigrauch (optional)

¼ TL geräuchertes Paprikapulver

1 EL Sojasoße oder Tamari

Zum Anrichten

4 Vollkorn-Bagels, getoastet

frische Spinatblätter

veganer Frischkäse

Tomaten-Ketchup

einige gemischte Samen, zum Bestreuen

Die Zutaten für die Glasur in einer kleinen Schüssel mischen.

Eine antihaftbeschichtete Pfanne bei mittlerer Hitze auf den Herd stellen. Ein wenig Öl hineingeben, gefolgt von den Tempeh-Scheiben. Das Tempeh von jeder Seite 3 Minuten braten lassen und auf beiden Seiten mit der Glasur bestreichen.

Sobald der Tempeh-„Speck" karamellisiert und klebrig ist, aus der Pfanne nehmen und die Scheiben beiseitelegen, damit sie knusprig werden.

Die Pfanne kurz mit Küchenpapier auswischen. Dann wieder etwas Öl hineingeben und die Kirschtomaten hinzufügen. Diese einfach ein paar Minuten lang in der Pfanne leicht brutzeln lassen.

Den Tempeh-„Speck" in die gerösteten Vollkorn-Bagels legen und darauf die gebratenen Tomaten, etwas frischen Spinat, veganen Frischkäse, Ketchup und eine Prise gemischte Samen geben.

Flüssigrauch (Liquid Smoke) ist ein großartiger Geschmacksverstärker. Es verleiht Gerichten ein volles, rauchiges Grillaroma.

LOCKER-LEICHTES OMELETT NACH FRANZÖSISCHER ART

Sieht aus wie ein Omelett, schmeckt wie ein Omelett und ist superschnell gemacht! Euer Omelett könnt ihr mit einer leckeren Füllung nach Wahl servieren.

FÜR **2 PORTIONEN**	ZEIT **25 MINUTEN**	SCHWIERIGKEIT **5/10**

1 Stück Tofu à 280 g, trocken getupft

5 EL Kichererbsenmehl oder mehr nach Bedarf

1 TL Backpulver

½ TL gemahlenes Kurkuma

½ TL Kala Namak (optional)

½ TL Zwiebelpulver

1 TL Meersalz

1 TL gemahlener Pfeffer

180 ml (¾ cup) Pflanzenmilch

Pflanzenöl zum Braten

Füllvorschlag

gemischte Tomaten und Salatblätter sowie geriebener veganer Käse

Alle Zutaten außer dem Öl in einen Mixer geben und glatt rühren. Die Mischung sollte dickflüssig, aber gießbar sein. Wenn eure Mischung zu flüssig ist, etwas mehr Kichererbsenmehl hinzufügen.

Eine beschichtete Pfanne bei mittlerer Hitze auf dem Herd vorheizen und etwas Öl hinzufugen. Wenn es heiß ist, so viel Tofumischung hineingeben, bis der Boden der Pfanne bedeckt ist. Mit der Rückseite eines Pfannenwenders die Mischung verteilen. Das Omelett 3 Minuten braten lassen, dann vorsichtig mit einer Winkelpalette wenden.

Weitere 3 Minuten braten lassen. Anschließend die gewünschte Füllung in die Mitte des Omeletts geben. Das Omelett vorsichtig umschlagen, um die Füllung einzuschließen. Aus der Pfanne nehmen und servieren.

Kala Namak, auch bekannt als schwarzes Salz, verleiht dem Omelett einen schönen „Ei"geschmack.

02

Suppen

FRANZÖSISCHE ZWIEBELSUPPE

FÜR **4 PORTIONEN**	ZEIT **65 MINUTEN**	SCHWIERIGKEIT **3/10**

2 EL vegane Margarine

2 EL Olivenöl

4 Longor-Schalotten, halbiert und fein geschnitten

3 große weiße Zwiebeln, halbiert und fein geschnitten

2 rote Zwiebeln, halbiert und fein geschnitten

3 TL Meersalz

schwarzer Pfeffer

1 EL frische Thymianblätter, plus weitere zum Servieren

2 TL getrockneter Salbei

1 EL Mehl oder glutenfreies Mehl

240 ml (1 cup) veganer trockener Weißwein

35 ml Brandy

1 Liter heiße Gemüsebrühe

1 Lorbeerblatt

1 Rosmarinzweig

4 – 6 Scheiben französisches Baguette (Brot, das einen Tag alt ist, funktioniert am besten)

1 Knoblauchzehe

geriebener veganer Käse

Zunächst einen großen Topf mit schwerem Boden bei schwacher Hitze auf den Herd stellen und die Margarine und das Olivenöl hineingeben.

Wenn das Fett heiß ist, die Schalotten und Zwiebeln sowie Salz, Pfeffer, Thymian und Salbei hinzufügen. Die Zwiebeln anschwitzen und karamellisieren lassen. Dies sollte ungefähr 15 – 20 Minuten dauern. Auf den ersten Blick sieht es vielleicht so aus, als wären viel zu viele Zwiebeln in dem Topf, aber nach einer Weile schrumpfen sie ein. Die Zwiebeln oft umrühren.

Wenn die Zwiebeln schön goldfarben sind, das Mehl hinzufügen und gut umrühren, um die Zwiebeln komplett zu beschichten. Das Mehl etwa eine Minute lang auskochen. Mit dem Weißwein und dem Brandy ablöschen. Die Flüssigkeit zum Kochen bringen, erst dann die heiße Gemüsebrühe, das Lorbeerblatt und den Rosmarin hinzufügen. Einen Deckel auf den Topf geben und die Suppe 15 – 20 Minuten kochen lassen.

Den Grill des Backofens auf hoher Stufe vorheizen.

Die Baguettescheiben toasten. Die Knoblauchzehe halbieren und mit der geschnittenen Seite jede Seite der gerösteten Brotscheiben einreiben.

Das Lorbeerblatt und den Rosmarinzweig aus der Suppe entfernen. Dann die Suppe in Servierschalen schöpfen und ein oder zwei Scheiben geröstetes Baguette auf die Oberfläche der Suppe in jeder Schüssel geben. Jede Scheibe Baguette mit einer Handvoll geriebenem veganen Käse bestreuen. Die Schüsseln auf ein Backblech stellen und jeweils 2 Minuten lang unter den Grill geben.

Sobald der Käse geschmolzen und schön golden ist, ein paar frische Thymianblätter darauf streuen, etwas schwarzen Pfeffer darüber mahlen und servieren.

MAISSUPPE IN DER BROTSCHALE

FÜR **4 PORTIONEN**	ZEIT **15 MINUTEN**	SCHWIERIGKEIT **3/10**

1 Zwiebel, grob gehackt

2 Selleriestangen, grob gehackt

1 rote Chilischote

3 Knoblauchzehen

2 EL Olivenöl

1 TL süßes geräuchertes Paprikapulver

1 EL getrockneter Thymian

1 Lorbeerblatt

3 EL Mehl

230 ml (1 cup) vegane Sahne

480 ml (2 cups) heiße Gemüsebrühe

560 g (4 cups) Zuckermais, püriert

2 gebratene Maiskolben (Seite 183)

1 EL Sojasoße oder Tamari

1 TL Meersalz

2 TL schwarzer Pfeffer

90 g (1 cup) veganer Käse, gerieben (optional)

Zum Anrichten

1 runder Laib Brot, oberer Teil abgeschnitten und in der Mitte ausgehöhlt

frische Thymianblätter, gehackt

Zwiebel, Sellerie, Chili und Knoblauch in einen Multizerkleinerer geben und so lange anstellen, bis alles fein gehackt ist.

Einen großen Topf bei hoher Hitze auf den Herd stellen. Das Öl in den Topf geben, die gehackte Zwiebelmischung hineingeben, dann Paprikapulver, Thymian und Lorbeer zufügen. Die Mischung unter häufigem Rühren 2 – 3 Minuten anbraten.

Die Hitze auf mittlere Stufe reduzieren und das Mehl hinzufügen. Das Mehl etwa eine Minute lang auskochen, dann die Sahne und die Brühe hinzugießen. Gut mischen, damit keine Klumpen entstehen.

Den pürierten Zuckermais hinzufügen. Die Suppe zum Kochen bringen und ca. 4 – 5 Minuten einköcheln lassen.

Kurz vor dem Servieren die Körner von den gebratenen Maiskolben abschneiden und mit der Sojasoße oder Tamari, den Gewürzen und dem veganen Käse zur Suppe geben.

Die Suppe in der Brotschale, garniert mit frisch gehackten Thymianblättern, servieren.

HERZHAFTER WALISISCHER EINTOPF (WELSH CAWL)

Dies ist ein Gericht aus meiner Heimat Wales. Normalerweise wird der Eintopf mit Lammfleisch gekocht, doch diese vegane Version ist dank einiger spezieller umami-reicher Zutaten genauso kräftig und schmackhaft. Eine richtig wärmende und nahrhafte Suppe.

FÜR **4 PORTIONEN**	ZEIT **65 MINUTEN**	SCHWIERIGKEIT **3/10**	GF

2 Stangen Lauch

3 Selleriestangen

2 Knoblauchzehen, gehackt

1 Steckrübe (Kohlrübe)

2 mittelgroße Kartoffeln

2 Karotten

1 EL Olivenöl

1 TL Meersalz

2 TL schwarzer Pfeffer, grob gemahlen

3 Liter Gemüsebrühe

1 EL Minzsoße

1 EL vegetarische Würzpaste oder Misopaste

1 Dose à 400 g Limabohnen, abgetropft und abgespült

1 große Handvoll Cavolo Nero (Palmkohl) oder Grünkohl, Stängel entfernt und in mundgerechte Stücke geschnitten

1 Handvoll Blattpetersilie

Saft von 1 Zitrone

Das gesamte Gemüse schälen und in ca. 2 cm große Stücke schneiden. Ich schneide den Lauch, die Karotte und den Sellerie am liebsten schräg, weil das optisch ansprechender ist.

Einen großen Topf bei schwacher Hitze auf den Herd stellen und das Öl hineingeben. Wenn es heiß ist, den Lauch, den Sellerie und den Knoblauch hinzufügen und 2 – 3 Minuten lang anbraten. Danach das restliche Gemüse und die Gewürze hinzufügen.

Das Gemüse 5 Minuten lang dünsten, bis es ein wenig Farbe bekommen hat und dann mit Gemüsebrühe, Minzsoße und Würzpaste ablöschen.

Die Suppe zum Kochen bringen und so lange köcheln lassen, bis die Rüben zart sind. Dies dauert normalerweise 25 – 30 Minuten.

Sobald die Rüben gar sind, die Limabohnen, den Cavolo Nero, die Petersilie und den Zitronensaft hinzufügen und umrühren. Wenn gewünscht, die Zitronenhälften für zusätzliches Aroma mit in den Topf geben. Die Suppe vor dem Servieren noch weitere 5 Minuten köcheln lassen.

CREMIGE PILZSUPPE

| FÜR **4 PORTIONEN** | ZEIT **60 MINUTEN** | SCHWIERIGKEIT **3/10** | |

1 EL Olivenöl

2 Zwiebeln, in Scheiben geschnitten

4 Knoblauchzehen, gehackt

1 EL getrockneter Estragon

1 EL getrockneter Thymian

1 TL Meersalz

2 TL schwarzer Pfeffer, grob gemahlen

1 kg gemischte Pilze

240 ml (1 cup) veganer Weißwein

1 Liter heiße Gemüsebrühe

1 Lorbeerblatt

240 ml vegane Soja- oder Hafersahne oder Kokosmilch, plus mehr zum Anrichten

Saft von ½ Zitrone

Zum Anrichten

frische Kräuter wie Estragon, Petersilie oder Thymian, gehackt

1 EL Trüffelöl

Einen großen Topf bei schwacher Hitze auf den Herd stellen und das Öl hineingeben. Wenn das Öl heiß ist, die Zwiebeln, den Knoblauch, die getrockneten Kräuter und die Gewürze hinzugeben. Das Ganze 4 – 5 Minuten unter häufigem Rühren anschwitzen. Die Zwiebeln sollen schön goldfarben werden.

Dann etwa 90 Prozent der Pilze in den Topf geben. Der Rest wird später zum Garnieren verwendet.

Den Herd nun auf hohe Stufe stellen und die Pilze mindestens 10 Minuten lang unter regelmäßigem Rühren anbraten. Es mag zunächst aussehen, als seien es zu viele Pilze, aber wenn ihr mit dem Braten fertig seid, sind sie stark geschrumpft.

Nach dem Braten der Pilze, den Topfinhalt mit dem Wein ablöschen. Diesen einige Minuten lang sprudeln lassen und danach die Gemüsebrühe und das Lorbeerblatt hinzufügen.

Die Suppe zum Kochen bringen, dann die vegane Sahne und den Zitronensaft einrühren.

Die Suppe nun 20 Minuten lang unter gelegentlichem Rühren sprudelnd kochen lassen.

Vor dem Servieren die Suppe im Standmixer pürieren, bis sie glatt ist. Abschmecken und bei Bedarf nachwürzen.

Die zurück behaltenen Pilze ein paar Minuten in etwas Öl anbraten, bis sie goldbraun sind. Jede Suppenportion mit ein paar Pilzen belegen, darauf einige gehackte frische Kräutern streuen und mit einem Spritzer Trüffelöl abrunden.

CAJUN-KÜRBISSUPPE

| FÜR **4 PORTIONEN** | ZEIT **80 MINUTEN** | SCHWIERIGKEIT **3/10** | GF |

1 mittelgroßer Kürbis, geschält, entkernt und gewürfelt (mein Kürbis war 8 kg schwer)

3 EL Cajun-Gewürzmischung

1 EL getrockneter Salbei

etwas Olivenöl

2 Zwiebeln, grob gehackt

3 Knoblauchzehen, grob gehackt

480 ml (2 cups) Pflanzenmilch

ca. 720 ml (3 cups) heiße Gemüsebrühe (möglicherweise mehr, wenn der Kürbis groß ist)

Saft von 1 Zitrone (optional)

Meersalz und gemahlener Pfeffer

Zum Anrichten

1 Handvoll Kürbiskerne

etwas vegane Sahne, z. B. Soja- oder Hafersahne

getrocknete Chiliflocken

geröstetes Brot

Den Backofen auf 180 °C vorheizen.

Den Kürbis mit der Cajun-Gewürzmischung, Salbei, 2 Teelöffeln Salz, 1 Teelöffel Pfeffer und einem Spritzer Öl in eine Auflaufform geben. Alles mit den Händen gründlich mischen, damit der Kürbis gut mit dem Öl und den Gewürzen überzogen ist.

Den Kürbis etwa 45 Minuten bis 1 Stunde im Ofen garen – oder so lange, bis er weich ist.

Wenn der Kürbis gegart ist, einen großen Topf bei mittlerer Hitze auf den Herd stellen und einen Tropfen Öl hineingeben (oder Wasser, wenn ihr das Rezept ölfrei halten möchtet). Die gehackte Zwiebel und den Knoblauch hinzufügen und die Mischung mit einer Prise Salz 4 Minuten lang anbraten.

Den gerösteten Kürbis in den Topf geben, dann die Milch und die Gemüsebrühe zugießen.

Die Suppe 10 Minuten köcheln lassen und anschließend super glatt pürieren. Am besten immer nur ein paar Suppenlöffel auf einmal pürieren und wenn die Suppe zu dick ist, mehr Gemüsebrühe hinzufügen.

Die Suppe abschmecken. Braucht sie noch Pep, einen Spritzer Zitronensaft hinzugeben. Mit ein paar Kürbiskernen, einem Klecks veganer Sahne, einer Prise Chiliflocken und etwas geröstetem Brot servieren.

Diese Suppe kann bis zu 4 Tage im Kühlschrank aufbewahrt werden.

03

SNACKS & HÄPPCHEN

Snacks & Häppchen

TOFU-SNACKS MIT ERDNUSSKRUSTE

Tofu bekommt richtig Pep, wenn man ihm eine Miso- und Erdnusskruste verpasst. Diese Tofustückchen schmecken mit einem Dip super als Snack und eignen sich genauso gut als Teil einer Mahlzeit, denn sie passen hervorragend zu Reis oder Nudeln. Achtet darauf, dass ihr extra festen Tofu verwendet, der schön fleischig schmeckt.

FÜR **4 PORTIONEN**	ZEIT **60 MINUTEN**	SCHWIERIGKEIT **5/10**

2 x 280 g Stücke extra fester Tofu

2 EL glatte Erdnussbutter

2 EL Sojasoße oder Tamari

Saft von 1 Limette

1 Prise getrocknete Chiliflocken

½ TL getrockneter Knoblauch

75 g (¾ cup) geschälte geröstete Erdnüsse, mit einem Mixer klein gehackt

Servieren mit

Beilagensalat

Dip nach Wahl

Zuerst den Tofu abtropfen lassen und mit Küchenpapier trocken tupfen. Dann die Stücke in Scheiben schneiden.

Die Erdnussbutter, die Sojasoße oder Tamari, den Limettensaft, die Chiliflocken und den getrockneten Knoblauch miteinander vermischen.

Die Erdnussbuttermischung mit einem Backpinsel über jedes Stück Tofu streichen. Wenn die Mischung nicht streichfähig ist, ein paar Esslöffel Wasser hinzufügen. Sobald die Tofu-Scheiben bestrichen sind, jedes Stück einzeln in die klein gehackten Erdnusskrümel tunken und dabei sicherstellen, dass der Tofu komplett ummantelt wird.

Wenn der gesamte Tofu überzogen ist, die Stücke auf ein mit Backpapier ausgelegtes Backblech legen. Das Backblech für 20 Minuten in den Gefrierschrank stellen und in der Zwischenzeit den Backofen auf 180 °C vorheizen.

Den Tofu aus dem Gefrierschrank nehmen. Eine antihaftbeschichtete Pfanne ohne Zugabe von Öl bei mittlerer Hitze auf den Herd stellen. Wenn sie heiß ist, den Tofu darin von jeder Seite etwa 2 Minuten lang leicht anbräunen.

Sobald die Tofu-Scheiben goldbraun sind, den Tofu wieder auf das Backblech geben und dann für 15 Minuten im vorgeheizten Ofen backen.

Den Tofu mit Erdnusskruste mit einem Beilagensalat und einem Dip nach Wahl servieren. Ich reiche gerne Sriracha dazu.

TOFU-KÖFTE

FÜR **4 PORTIONEN**	ZEIT **30 MINUTEN**	SCHWIERIGKEIT **5/10**

Für die Köfte

1 x 280 g Stücke extra fester Tofu, zusammengepresst, um überschüssiges Wasser auszudrücken

3 Frühlingszwiebeln, sehr fein geschnitten

3 Knoblauchzehen, zerkleinert

1 kleine rote Chilischote, fein gehackt

1 Handvoll Minze, gehackt

1 TL gemahlener Kreuzkümmel

1 TL süßes geräuchertes Paprikapulver

4 EL Mehl

1 EL Tomatenmark

1 TL Meersalz

Kokosöl zum Braten

Für den Minzdip

245 g (1 cup) veganer Joghurt

¼ Gurke, entkernt und fein gehackt

1 TL Paprikapulver

Saft von ½ Zitrone

1 Handvoll frische Minze, gehackt

Servieren mit

warmem Pitta-Brot

einfachem Salat aus Tomaten, roten Zwiebeln, Gurken und Salatblättern

Hummus

Den Backofen auf 180 °C vorheizen und ein Backblech mit Backpapier auslegen.

Zuerst die Köfte zubereiten: Den Tofu mit einem Kartoffelstampfer in einer großen Rührschüssel zerdrücken, bis er in kleine Stücke zerfallen ist. Alle anderen Köfte-Zutate außer dem Kokosöl in die Schüssel geben und mit den Händen mischen, bis sie gut miteinander verbunden sind. Wenn die Mischung zu feucht ist, etwas mehr Mehl hinzufügen.

Ein paar Esslöffel der Mischung aufnehmen und diese mit den Händen zu Köften formen. Dies so oft wiederholen, bis die gesamte Mischung aufgebraucht ist. Die Köfte auf das Backblech legen.

Eine beschichtete Pfanne bei schwacher Hitze erhitzen, das Kokosöl hinzufügen und die Köfte in kleinen Mengen goldbraun anbraten. Dies sollte ungefähr 3 Minuten pro Charge dauern. Die gebratenen Köfte wieder auf das Backblech legen. Wenn sie alle fertig sind, das Blech in den Ofen schieben, um sie 15 Minuten lang durchzugaren.

Während die Köfte im Ofen sind, die Zutaten für den Minzdip in einer kleinen Schüssel mischen.

Sobald die Köfte fertig sind, in warmen Pitta-Broten mit Salat, Dip und Hummus servieren.

YAKITORI-SPIESSE

Diese Pilze sind wirklich fleischig und schmecken fast etwas nach Hühnchen, wenn sie gegart sind. Das Gericht ist nicht nur ein toller Snack, sondern eignet sich auch gut als Beilage. Wenn Glasur übrig ist, kann diese einige Wochen in einem verschlossenen Behälter aufbewahrt werden.

FÜR **16 PORTIONEN**	ZEIT **35 MINUTEN**	SCHWIERIGKEIT **5/10**

CAN BE GF

Für die Glasur

240 ml (1 cup) salzarme Sojasoße oder Tamari

120 ml (½ cup) Wasser

200 g (½ cup) Zucker

3 EL Reisessig

Saft von ½ Limette

½ TL Ingwer, gemahlen

½ TL Knoblauchpulver

½ TL getrocknete Chiliflocken

2 EL Maisstärke oder Speisestärke, gemischt mit etwas Wasser

Für die Spieße

8 Austernpilze

8 Frühlingszwiebeln

Pflanzenöl zum Braten

Zum Anrichten

gekochter Reis (optional)

etwas Sesam zum Bestreuen

frische Chilischoten, gehackt

Alle Zutaten für die Glasur bis auf die Maisstärke in einen Topf geben. Diesen bei mittlerer Hitze auf den Herd stellen und zum Kochen bringen.

Ungefähr 8 Minuten köcheln lassen, dann die in Wasser aufgelöste Stärke einrühren. Die Flüssigkeit sollte sich zu einer schönen glasurartigen Konsistenz verdicken. Wenn sie zu dick wird, etwas Wasser hinzufügen, und wenn sie zu dünn ist, etwas mehr in Wasser aufgelöste Stärke zugeben oder einfach reduzieren lassen. Sobald sie eingedickt ist, vom Herd nehmen und beiseitestellen.

Die Pilze der Länge nach halbieren und dann jede Hälfte in drei Teile schneiden. Die Frühlingszwiebeln auf eine ähnliche Größe schneiden. Schließlich abwechselnd die Pilze und Frühlingszwiebeln aufspießen.

Eine Bratpfanne mit einem Hauch Öl auf hoher Hitze auf den Herd stellen (oder einen Grill anheizen). Jeden Spieß auf jeder Seite 4 bis 5 Minuten lang braten und währenddessen die Glasur darauf streichen. Mit einer Prise Sesam und frischem Chili bestreuen.

Übriggebliebene Glasur eignet sich super als Soße für Pfannengerichte.

Foto auf Seite 50

KNUSPER-BLUMENKOHL

So gut hat Blumenkohl noch nie geschmeckt! Diese Blumenkohl-Happen haben es wirklich in sich – sie sind knusprig, lecker, würzig und süß. Wenn ihr das Rezept ölfrei halten möchtet, könnt ihr sie backen, anstatt sie zu braten.

FÜR **4 PORTIONEN**	ZEIT **15 MINUTEN**	SCHWIERIGKEIT **5/10**

500 ml (2 cups) Pflanzenöl zum Frittieren

1 Kopf Blumenkohl, in kleine Röschen geschnitten

Sesam, zum Darüberstreuen

Für die Soße

240 ml (1 cup) Orangensaft

1 EL Tomatenmark

60 ml (¼ cup) Sriracha-Soße

1 EL Sojasoße oder Tamari

2 EL Ahornsirup

1 TL Knoblauchpulver

Für den Teig

100 g (1 cup) Maisstärke oder Speisestärke

240 ml (1 cup) Pflanzenmilch

3 EL Malz- oder Reisessig

1 TL Meersalz

1 TL Backpulver

Alle Zutaten für die Soße in einen kleinen Topf geben und gut verrühren. Den Topf auf niedriger Hitze auf den Herd stellen und die Soße 6 Minuten lang unter gelegentlichem Rühren kochen, bis sie etwas reduziert und eingedickt ist.

Für den Knusper-Blumenkohl das Pflanzenöl bei mittlerer Hitze in einem großen Topf erwärmen. Dabei darauf achten, dass das Öl maximal auf halber Höhe des Topfs steht. Alternativ könnt ihr eine Fritteuse verwenden, die auf etwa 180 °C eingestellt ist.

Alle Zutaten für den Teig in eine Schüssel geben und glatt rühren.

Bei Verwendung eines Topfs könnt ihr überprüfen, ob das Öl heiß genug ist, indem ihr einen Holzlöffel eintaucht. Wenn sich Blasen bilden, ist das Öl fertig.

Die Blumenkohlröschen einzeln in den Teig tauchen und dann vorsichtig nacheinander in das Öl geben. Jeweils etwa 2 bis 3 Minuten, oder bis sie goldbraun sind, frittieren.

Nach dem Frittieren die Blumenkohlröschen mit einer Siebkelle aus dem Öl nehmen und auf einen mit Küchenpapier ausgelegten Teller legen, um das überschüssige Öl abtropfen zu lassen.

Den frittierten Blumenkohl in die eingedickte Soße geben und die Sesamkörner darüber streuen.

Foto auf Seite 51

YAKITORI-
SPIESSE S.48

KNUSPER-
BLUMENKOHL S. 49

GLAMORGAN-„WÜRSTCHEN"

Dies ist ein weiteres klassisches Gericht aus meiner Heimat Wales. Die „Würstchen" ähneln eher Kroketten als Wurst, denn ich liebe einfach alles, was mit Semmelbröseln überzogen ist. Und diese „Würstchen" sind einfach genial!

FÜR **8 PORTIONEN**	ZEIT **75 MINUTEN**	SCHWIERIGKEIT **5/10**

2 EL Pflanzenöl, plus etwas mehr zum Beträufeln

1 große Stange Lauch, fein gehackt

1 Knoblauchzehe, gehackt

1 Handvoll frischer Salbei, fein gehackt

380 g (2 cups) Kartoffelpüree

1 EL Senf

50 g (½ cup) veganer Käse, gerieben

1 EL weiße Misopaste

110 g (1 cup) Semmelbrösel

1 Prise Meersalz plus schwarzer Pfeffer

Zum Panieren

130 g (1 cup) Weizenmehl oder glutenfreies Mehl

130 g (1 cup) Kichererbsenmehl mit 240 ml (1 cup) Wasser verrührt

100 g (2 cups) Panko-Semmelbrösel

Zum Anrichten

Relish nach Wahl

Den Backofen auf 180 °C vorheizen und ein Backblech mit Backpapier auslegen.

Das Öl in einer großen Pfanne bei mittlerer Hitze erhitzen. Den Lauch, den Knoblauch und den Salbei hinzufügen und so lange dünsten, bis das Gemüse weich ist. Zum Abkühlen beiseitestellen.

Kartoffelpüree, Senf, Käse und Misopaste in eine Rührschüssel geben und gut miteinander verrühren. Das abgekühlte Lauch-Gemüse und die Semmelbrösel hinzufügen. Nun mit den Händen verkneten, bis sich alles gut verbindet.

Die Mischung in 8 gleich große Stücke portionieren und dann zu „Würstchen" formen.

Das Mehl, das in Wasser angerührte Kichererbsenmehl und die Semmelbrösel in drei separate Teller füllen. Die „Würstchen" zuerst in dem Mehl wenden, dann durch die Kichererbsen-Mischung ziehen und zum Schluss in den Semmelbröseln wenden.

Nach dem Panieren die „Würstchen" auf das ausgekleidete Backblech legen, mit etwas Öl beträufeln und 30 Minuten, oder bis sie goldbraun sind, backen.

Sofort mit einem Relish nach Wahl servieren.

FRÜHLINGSROLLEN MIT WÜRZIGER PILZFÜLLUNG

FÜR **8–10 PORTIONEN**	ZEIT **90 MINUTEN**	SCHWIERIGKEIT **7/10**

1 Packung Frühlingsrollenblätter

2 EL Mehl, mit genügend Wasser zu einer pastenartigen Konsistenz verrührt

1 Liter (4 cups) Pflanzenöl zum Braten

Für die Füllung

2 EL Pflanzenöl

2 x 170 g Schälchen mit gemischten asiatischen Pilzen wie Enoki- oder AusternpilzeZ, in dünne Streifen geschnitten

Meersalz

3 TL chinesisches Fünf-Gewürze-Pulver

2 Karotten, geschält und in Julienne geschnitten

1 rote Zwiebel, fein geschnitten

¼ von einem kleiner Weißkohl, äußere Blätter entfernt, fein geraspelt

1 Handvoll frische Mungobohnensprossen

2 EL Sojasoße

1 EL Hoisin-Soße

3 EL Reisweinessig

1 EL Maisstärke oder Speisestärke, gemischt mit 2 EL Wasser

Zum Anrichten

Frühlingszwiebeln, gehackt

schwarzer Sesam

Sojasoße

Dip nach Wahl

Zuerst die Füllung zubereiten: Einen Wok auf hoher Hitze aufstellen und einen Hauch Öl hineingeben. Wenn das Öl heiß ist, die Pilze hinzufügen und etwa 5 bis 6 Minuten lang anbraten. Wenn die Pilze Farbe angenommen haben und geschrumpft sind, die Temperatur herunterdrehen und mit Meersalz und dem Fünf-Gewürze-Pulver würzen. Etwa eine Minute weiter garen lassen, damit die Gewürze gut einziehen. Die Pilze in eine Schüssel geben und beiseitestellen.

Den Wok mit Küchenpapier auswischen, erneut etwas Öl hineingeben und wieder auf hohe Hitze stellen. Die Karotten, roten Zwiebeln, Kohl und Sprossen hinzufügen und 3 Minuten lang anbraten. Die Pilze zusammen mit der Sojasoße, Hoisin-Soße und dem Essig wieder in den Wok geben. Die Hitze auf niedrige Temperatur einstellen und die Mischung einige Minuten lang köcheln lassen. Dann die Stärke einrühren und den Herd ausstellen. Bei Zimmertemperatur abkühlen lassen.

Zum Befüllen der Frühlingsrollen zunächst ein Frühlingsrollenblatt auf die Arbeitsfläche legen. Mit einem Teigpinsel die Mehlmischung auf den Rand des Teigblattes streichen, sodass etwa 2 cm des Rands damit bestrichen sind.

Etwa 3 Esslöffel der Füllung sauber in einem diagonalen Streifen von Ecke zu Ecke auf das Frühlingsrollenblatt streichen. Dabei nicht zu nah am Rand platzieren. Nun die Ecken an jedem Ende des befüllten Streifens umklappen, dann die Frühlingsrolle fest aufrollen und oben verschließen. Die Frühlingsrolle sofort mit einem feuchten Küchentuch abdecken, damit sie nicht austrocknet. Den Vorgang mit der restlichen Füllung und Frühlingsrollenblättern wiederholen. Sobald die gesamte Füllung eingerollt ist, können die Frühlingsrollen entweder eingefroren, zu einem späteren Zeitpunkt gebraten oder sofort frittiert werden.

Dazu die Fritteuse auf 180 °C vorheizen oder einen großen Topf verwenden, der zur Hälfte mit Öl gefüllt ist und bei mittlerer Hitze auf den Herd gestellt wird. Um zu testen, ob das Öl zum Frittieren heiß genug ist, einen Holzlöffel in das Öl tauchen. Wenn sich Blasen bilden, ist es heiß genug.

3 bis 4 Frühlingsrollen vorsichtig in das Öl tauchen und ca. 4 Minuten frittieren. Nicht zu viele Frühlingsrollen auf einmal hineingeben, weil der Topf dann überfüllt wird, die Temperatur des Öls sinkt und das Öl zu weit nach oben steigt, was sehr gefährlich werden kann.

Sobald die Frühlingsrollen golden und knusprig sind, diese mit einer Siebkelle aus dem Öl nehmen und auf einen mit Küchenpapier ausgelegten Teller legen. Mit gehackten Frühlingszwiebeln, einer Prise Sesam, Sojasoße und einem Dip nach Wahl servieren.

Frühlingsrollenblätter erhält man gefroren in großen Supermärkten oder Asia-Läden. Meist sind auf der Verpackung praktische Zeichnungen angebracht, die zeigen, wie die Rollen geformt werden sollen!

Wenn gewünscht, können die Frühlingsrollen auch im Ofen gebraten werden. Dazu die Rollen auf ein mit Backpapier ausgelegtes Backblech legen und 25 Minuten lang in einem auf 180 °C vorgeheizten Ofen backen.

KNOBLAUCH-PILZE
MIT MEERFENCHEL S.59

KICHERERBSEN-
AUFSTRICH S.58

RAUCHIGE ERBSE S.57

BROTBELÄGE

Mit diesen fantastischen Belägen, die sich auch hervorragend als Sandwich-Füllung eignen, wird Brot zu etwas ganz Besonderem. Wenn es mittags mal schnell gehen muss, sind diese Rezepte Gold wert. Und wenn ihr alle zusammen auf einem Teller anrichtet, könnt ihr damit eure Gäste beeindrucken! Noch mehr Pep erhalten die gerösteten Brote, wenn ihr sie in etwas Öl und Knoblauch bratet.

RAUCHIGE ERBSE

FÜR **2 PORTIONEN**	ZEIT **20 MINUTEN**	SCHWIERIGKEIT **3/10**

etwas Olivenöl (oder Wasser zum ölfreien Kochen)

1 Schalotte, fein gehackt

1 Knoblauchzehe, gehackt

½ TL süßes geräuchertes Paprikapulver

je 1 Prise Meersalz und schwarzer Pfeffer

300 g (2 cups) gefrorene Erbsen

1 EL frische Minzblätter, gehackt

240 ml (1 cup) heiße Gemüsebrühe

2 – 3 Tropfen Flüssigrauch (optional)

geröstetes Brot zum Servieren

Als Garnitur

Saft und Schale von 1 Zitrone

Zuckererbsen, halbiert

Erbsensprossen

Das Öl in einem kleinen antihaftbeschichteten Topf bei sehr schwacher Hitze erhitzen. Wenn es heiß ist, die Schalotte, den Knoblauch, das Paprikapulver und die Gewürze hinzufügen.

Einige Minuten braten lassen und dann die Erbsen und Minze hinzufügen. 3 bis 4 Minuten garen lassen. Nun die Brühe dazugießen und den Flüssigrauch (falls verwendet) hinzufügen. Zum Kochen bringen, dann vom Herd nehmen und die Mischung im Standmixer pürieren (oder einen Stabmixer verwenden). Ich püriere die Erbsen nur leicht, da ich es gerne mag, wenn sie nur etwas zerquetscht aussehen.

Die Erbsen mit den Beilagen auf geröstetem Brot servieren.

KICHERERBSEN-AUFSTRICH

FÜR **4 PORTIONEN**	ZEIT **15 MINUTEN**	SCHWIERIGKEIT **3/10**

15 MIN   PRO TEIN   GF

1 Blatt Nori-Algen

3 Frühlingszwiebeln, fein geschnitten

1 x 400 g Dose Kichererbsen, abgetropft und abgespült

1 EL Malzessig

1 Prise Meersalz

1 Prise schwarzer Pfeffer, grob gemahlen

4 EL vegane Mayonnaise

150 g (1 cup) Zuckermais

geröstetes Brot

Zuerst das Nori-Blatt im Multizerkleinerer verarbeiten, bis es fein gehackt ist.

Alle restlichen Zutaten außer der Mayonnaise und dem Zuckermais in eine Rührschüssel geben.

Mit einem Kartoffelstampfer die Mischung einstampfen, bis die Kichererbsen zerdrückt sind.

Mayo und Zuckermais einrühren. Dann die gewünschte Menge gehackten Nori hinzufügen. Probiert den Aufstrich einfach, und sobald er euch schmeckt, ist er fertig. Auf geröstetem Brot servieren.

Foto auf Seite 56

KNOBLAUCH-PILZE MIT MEERFENCHEL

FÜR **2 PORTIONEN**	ZEIT **15 MINUTEN**	SCHWIERIGKEIT **3/10**

15 MIN

1 EL Olivenöl

250 g kleine Champignons, halbiert

1 Handvoll Kirschtomaten, halbiert

1 TL geröstetes Knoblauchgranulat

1 Prise Meersalz

1 Prise gemahlener Pfeffer

1 Handvoll Meerfenchel

1 Handvoll frische Petersilie, gehackt

veganer Frischkäse

geröstetes Brot

Das Öl in einer beschichteten Pfanne bei mittlerer Temperatur erhitzen. Die Pilze, Tomaten, Knoblauch, Gewürze und den Meerfenchel hinzufügen.

Die Mischung für 4 bis 5 Minuten, oder bis die Pilze schön goldbraun sind, braten.

Die gehackte Petersilie hineingeben und die Pfanne ein paar Mal schwenken.

Den Frischkäse auf das Brot streichen und darauf die Pilzmischung anrichten.

Foto auf Seite 56

PILZ-„GARNELEN"-TOAST

Ich musste einfach versuchen, dieses Horsd'œuvre zu veganisieren – denn es gehört ganz klassisch zu einem chinesischen Imbiss. Die Nori-Algen verleihen dem Gericht einen richtig schönen Meeres-Geschmack.

FÜR **4 PORTIONEN**	ZEIT **30 MINUTEN**	SCHWIERIGKEIT **5/10**

4 – 5 EL Sesamöl, zum Braten

1 Schalotte, fein gehackt

2 x 170 g Schälchen mit gemischten Pilzen

1 Blatt Nori-Alge, in kleine Stücke gehackt

Saft von 1 Zitrone

120 ml (½ cup) veganer Weißwein

180 ml (¾ cup) cremige Pflanzenmilch

6 Scheiben Weißbrot

280 g (2 cup) gemischte Sesamkörner

Meersalz und gemahlener Pfeffer

Dip nach Wahl

Bei mittlerer Hitze eine große Pfanne erhitzen. Einen Hauch Sesamöl hineingeben, dann die Schalotte und die Pilze hinzufügen. 5 Minuten unter häufigem Rühren anbraten.

Die Gewürze, das Nori-Blatt, den Zitronensaft und Weißwein hinzugeben und weitere 4 Minuten garen lassen.

Die Pilzmischung mit der Milch in einen Standmixer geben. So lange pürieren, bis eine pastenartige Konsistenz entsteht.

Den Backofen auf 180 °C vorheizen.

Die Pilzmischung auf den Brotscheiben verteilen und großzügig Sesam darüberstreuen und diesen mit den Händen festdrücken.

Eine große antihaftbeschichtete Pfanne bei schwacher Hitze erhitzen und etwas Sesamöl hinzufügen. Vorsichtig eine Scheibe des Brots in die Pfanne legen und von jeder Seite 3 Minuten braten.

Sobald das gesamte Brot geröstet ist, dieses auf ein Backblech legen und 12 Minuten lang im Ofen backen.

Jede Scheibe des gerösteten Pilz-„Garnelen"-Toasts vierteln und mit einem Dip nach Wahl servieren.

Foto auf Seite 109

PILZ-BUCHWEIZEN-CRÊPES MIT SPARGEL

FÜR **2 PORTIONEN**	ZEIT **15 MINUTEN**	SCHWIERIGKEIT **5/10**

90 g (¾ cup) Buchweizenmehl

1 TL Backpulver

1 TL Meersalz

1 TL schwarzer Pfeffer

2 EL frischer Schnittlauch, gehackt

240 ml (1 cup) Pflanzenmilch

4 EL Pflanzenöl zum Braten

Für die Pilzfüllung

1 x 170 g Schälchen gemischte Pilze, gehackt

6 Stangen Spargel, holziger Teil entfernt und in 3 Stücke geschnitten

2 TL Knoblauchgranulat

1 TL getrocknete Chili

1 EL getrockneter Estragon

35 ml (1 Schuss) veganer Brandy

240 ml (1 cup) vegane Sahne

2 TL Meersalz

1 TL schwarzer Pfeffer, grob gemahlen

Zum Anrichten

gemischte Samen

Salatblätter

Schale von 1 Zitrone

Zuerst die Crêpes zubereiten: Mehl, Backpulver, Salz, Pfeffer und Schnittlauch in eine Rührschüssel geben und gut vermischen.

Die Pflanzenmilch dazu gießen und alles zu einem glatten, dünnen Pfannkuchenteig verrühren.

Eine große antihaftbeschichtete Bratpfanne bei mittlerer Hitze vorheizen und einen Hauch Pflanzenöl hinzufügen. Wenn das Öl heiß ist, so viel Teig hineingeben, dass der Boden der Pfanne bedeckt ist. Ich benutze die Rückseite meiner Suppenkelle, um den Teig zu verteilen.

Den Crêpe auf jeder Seite etwa 2 Minuten lang braten, dabei mithilfe einer Winkelpalette wenden. Den Vorgang wiederholen, bis der gesamte Teig aufgebraucht ist. Bei Bedarf zwischendurch mehr Öl in die Pfanne geben.

Während die Crêpes braten, eine weitere antihaftbeschichtete Pfanne bei starker Hitze erwärmen. Einen Hauch Öl hinzufügen, dann die Pilze, den Spargel, Knoblauch, Chili und Estragon hineingeben. 3 bis 4 Minuten unter häufigem Rühren anbraten. Wenn die Pilze goldbraun sind, den Pfanneninhalt mit dem Brandy ablöschen. Eventuell sind ein paar Flammen zu sehen, wenn ihr den Brandy hinzufügt. Das ist nur der abbrennende Alkohol. Das sieht zwar spannend aus, trotzdem solltet ihr vorsichtig sein!

Eine Minute nach dem Hinzufügen des Brandys die vegane Sahne und die Gewürze einrühren. Die Sahnemischung 1 Minute köcheln lassen, dann ist sie fertig.

Jeden Crêpe mit reichlich Pilzmischung, einigen Salatblättern und einer Prise gemischter Samen füllen. Zum Schluss etwas Zitronenschale darüber reiben.

So lange rühren, bis keine Klümpchen mehr vorhanden sind

Kannst du die Crêpes so wenden?

Mit ein bisschen Zitronenabrieb anrichten

04

PERFEKTE PASTA

Perfekte Pasta

MEINE BERÜHMTE LASAGNE

FÜR **6 PORTIONEN**	ZEIT **90 MINUTEN**	SCHWIERIGKEIT **5/10**

Für die Béchamelsoße

900 ml (4 cups) Soja- oder Hafermilch

1 Zwiebel

1 Lorbeerblatt

1 Prise Muskatnuss

1 TL Meersalz

1 TL weißer Pfeffer

115 g (½ cup) vegane Margarine

70 g (½ cup) Weizenmehl oder glutenfreies Mehl

100 g (1 cup) geriebener veganer Käse und/oder 2 EL Nährhefe (optional)

Für die „Bolognese"

2 EL Olivenöl

1 rote Zwiebel, fein gehackt

3 Knoblauchzehen, gehackt

4 Selleriestangen, fein geschnitten

3 EL Tomatenmark

1 Zucchini, gewürfelt

1 Aubergine, gewürfelt

1 EL gemischte Kräuter

650 g (4 cups) veganes Hackfleisch

2 EL Balsamico-Essig

2 x 400 g Dosen gehackte Tomaten

1 Prise Meersalz

1 Packung Lasagneblätter

frisches Basilikum, zum Anrichten

Zuerst die Milch für die Béchamelsoße vorbereiten. Dazu die Soja- oder Hafermilch in einen mittelgroßen Topf geben, dann Zwiebel, Lorbeer, Muskatnuss und Gewürze hinzufügen. Den Topf auf niedriger Hitze auf den Herd stellen und unter gelegentlichem Rühren kochen, sodass die Aromen 15 Minuten lang ziehen können.

Um die „Bolognese" zuzubereiten, einen großen Topf bei mittlerer Hitze auf den Herd stellen. Das Öl hineingeben, gefolgt von Zwiebel, Knoblauch, Sellerie, Tomatenmark und einer Prise Salz. Die Mischung ca. 3 bis 4 Minuten anschwitzen.

Zucchini, Aubergine und gemischte Kräuter hinzufügen. Die Hitze auf niedrige Temperatur reduzieren, den Topf abdecken und 3 bis 4 Minuten lang garen. Das vegane Hackfleisch hinzufügen und gut umrühren. Weitere 2 bis 3 Minuten garen lassen.

Das Ganze mit Balsamico-Essig und gehackten Tomaten ablöschen. Anschließend den Deckel wieder aufsetzen und bei schwacher Hitze 10 bis 15 Minuten kochen lassen.

Für die Herstellung der Béchamelsoße die vegane Margarine in einen großen Topf geben und bei schwacher Hitze schmelzen. Wenn die Margarine geschmolzen ist, das Mehl hinzufügen und sehr gut unterheben. Die Mischung einige Minuten lang rühren, um das Mehl auszukochen.

Nach und nach die aromatisierte Milch mit dem Schneebesen einrühren. Sobald die gesamte Milch hinzugefügt ist, sollte die Béchamelsoße cremig sein. Wenn ihr sie käsig haben möchtet, gebt den veganen Käse und/oder die Nährhefe dazu.

In der Zwischenzeit den Backofen auf 180 °C vorheizen.

Die Lasagne schichtweise in eine ofenfeste Auflaufform geben. Ich beginne immer mit einer Schicht „Bolognese", dann Béchamel, dann Lasagneblätter. So oft wiederholen, bis alle Zutaten in der Auflaufform sind. Dabei mit einer Schicht Béchamel abschließen. Die Lasagne 45 Minuten backen. Mit ein paar frischen Basilikumblättern bestreut servieren.

Dieses Gericht kann genauso gut ohne das vegane Hackfleisch zubereitet werden, indem man es durch das gleiche Gewicht an gehackten Pilzen oder Linsen ersetzt.

EINFACHE LINSEN-BOLOGNESE

| FÜR **4 PORTIONEN** | ZEIT **45 MINUTEN** | SCHWIERIGKEIT **3/10** |

1 große Zwiebel, grob gehackt

2 Selleriestangen, grob gehackt

6 Knoblauchzehen

1 Karotte, grob gehackt

2 EL Pflanzenöl

1 EL gemischte Kräuter, getrocknet

4 EL Tomatenmark

1 TL Meersalz

1 TL schwarzer Pfeffer, grob gemahlen

1 EL Misopaste

2 x 400 g Dosen gehackte Tomaten

240 ml (1 cup) veganer Rotwein

2 x 400 g Dosen gekochte, grüne Linsen, abgetropft

Für das „Parmesan"-Topping

3 EL geröstete Mandelblättchen

3 EL Nährhefe

Servieren mit

400 Dinkel-Spaghetti oder anderen eifreien Nudeln, nach Packungsanweisung gekocht

frische Basilikumblätter

Zwiebel, Sellerie, Knoblauch und Karotte in einen Multizerkleinerer geben. So lange laufen lassen, bis alles fein gehackt ist.

Einen großen Topf bei mittlerer Hitze auf den Herd stellen. Das Öl in den Topf geben, dann das gehackte Gemüse hinzufügen. 4 bis 5 Minuten anbraten oder so lange, bis das Gemüse weich ist. Nun die gemischten Kräuter, das Tomatenmark und die Gewürze hinzufügen. Einige Minuten kochen lassen und danach Miso, gehackte Tomaten und Wein zugeben. Die Temperatur auf niedrige Stufe reduzieren und den Topf abdecken. Die Soße 20 Minuten köcheln lassen.

Die Linsen hinzufügen und das Ganze weitere 5 Minuten lang kochen lassen.

Für das „Parmesan"-Topping die gerösteten Mandeln mit der Nährhefe zusammen im Multizerkleinerer hacken, bis die Mischung feinen Bröseln ähnelt.

Die Bolognese mit Spaghetti, einer Prise „Parmesan" und etwas frischem Basilikum servieren.

Im Allgemeinen sind getrocknete Nudeln eifrei und daher für Veganer geeignet. Schaut vorsichtshalber aber trotzdem auf die Verpackung. Wenn ihr Vollkorn- oder Dinkelnudeln verwendet, wird das Nudelgericht nahrhafter.

PASTA MIT SONNENGETROCKNETEN TOMATEN & BROKKOLI

| FÜR **4 PORTIONEN** | ZEIT **15 MINUTEN** | SCHWIERIGKEIT **3/10** |

300 g getrocknete Nudeln

2 EL Olivenöl

1 Kopf Brokkoli, in kleine Röschen geschnitten

3 EL Mandelblättchen

schwarzer Pfeffer

1 Handvoll frisches Basilikum, gehackt, plus zusätzliche Blätter zum Anrichten

etwas ausgepresster Zitronensaft

Für die Soße

8 – 10 sonnengetrocknete Tomaten

1 TL getrocknete Chiliflocken

4 Knoblauchzehen

1 EL Nährhefe (optional)

2 EL Tomatenmark

Abrieb von ½ Zitrone

Saft von 1 Zitrone

1 Prise Meersalz

Für das Pangrattato

2 EL natives Olivenöl extra

220 g (2 cups) Semmelbrösel

Abrieb und Saft von 1 Zitrone

1 TL Knoblauchpulver

1 Prise Meersalz

3 TL gemischte Kräuter, getrocknet

Zunächst die Nudeln in kochendem Salzwasser nach Packungsanweisung kochen.

Für die Zubereitung der Soße werden den sonnengetrockneten Tomaten wieder Wasser hinzugefügt, indem man sie in einer kleinen Schüssel mit einer Kelle Nudelwasser etwa 1 Minute lang einlegt. Sobald sie leicht weich sind, zusammen mit den restlichen Soßenzutaten und einigen Esslöffeln des Wassers, in dem sie gezogen sind, in einen Standmixer geben (das restliche Wasser aufbewahren). Die Mischung zu einer glatten Paste pürieren.

Einen großen Topf bei mittlerer Temperatur auf dem Herd erhitzen, einen Hauch Öl hinzufügen, dann den Brokkoli und die Mandelblättchen hineingeben und einige Minuten, oder bis die Mandeln golden sind, anbraten. Die Soße aus sonnengetrockneten Tomaten in den Topf geben und gut umrühren. Dabei darauf achten, dass der Brokkoli vollständig mit Soße bedeckt ist. Nun das zurückbehaltene Einweichwasser der Tomaten und zusätzlich etwas Nudelwasser hinzufügen, um die Soße zu verflüssigen.

Soße und Brokkoli bei schwacher Hitze 3 bis 4 Minuten kochen lassen. Dabei ab und zu umrühren.

In der Zwischenzeit die knusprigen Semmelbrösel (auch bekannt als Pangrattato) zubereiten. Hierfür eine antihaftbeschichtete Pfanne bei schwacher Hitze aufstellen, das Öl hinzufügen und dann die Semmelbrösel, Zitronenschale und -saft, Knoblauch, Salz und Kräuter hineingeben. Die Semmelbrösel einige Minuten rösten, bis sie schön golden sind.

Sobald die Nudeln fertig gekocht sind, abtropfen lassen und die Nudeln in die Soße geben. Sehr gut mischen und darauf achten, dass alle Nudeln mit Soße überzogen sind. Etwas schwarzen Pfeffer und das gehackte frische Basilikum darüberstreuen. Abschließend einen Spritzer Zitronensaft darüber träufeln.

Die Pasta mit viel Pangrattato und ein paar frischen Basilikumblättern servieren.

Wem ihr dieses Gericht für jemanden mit einer Nussallergie zubereitet, könnt ihr gemischte Samen anstelle der Mandelblättchen verwenden.

SPRITZIGE FARFALLE

Diese Pasta ist absolut köstlich – wahrscheinlich eines der besten
Nudelgerichte, das ich je gemacht habe!

FÜR **2 PORTIONEN**	ZEIT **15 MINUTEN**	SCHWIERIGKEIT **3/10**

300 g getrocknete Farfalle-Nudeln

2 EL Olivenöl

1 weiße Zwiebel, in Scheiben
geschnitten

1 rote Chilischote

4 Knoblauchzehen, in Scheiben
geschnitten

2 große Handvoll Cavolo Nero
(Palmkohl), zerkleinert, Stängel
entfernt

200 g Broccolini (Bimi), geputzt

1 Fenchelknolle, äußere Schicht
entfernt und entsorgt, fein
geschnitten

120 ml (½ cup) veganer Weißwein

Schale und Saft von 1 Zitrone, zum
Anrichten

Für das Dressing

Abrieb und Saft von 1 Zitrone

2 EL Kapern

1 Handvoll frische Petersilie

1 Handvoll frisches Basilikum

1 Handvoll Pinienkerne

2 TL Meersalz

2 TL schwarzer Pfeffer

Die Nudeln in kochendem Salzwasser nach Packungsanweisung garen.

In der Zwischenzeit eine große antihaftbeschichtete Pfanne bei mittlerer
Temperatur erhitzen und das Öl hinzufügen. Zwiebel, Chili und Knoblauch
dazugeben und einige Minuten anbraten.

Den Cavolo Nero, den Broccolini und den Fenchel hinzufügen und weiter
sanft anbraten.

In der Zwischenzeit die Zutaten für das Dressing in einen Standmixer geben
und glatt pürieren. Alternativ alles zusammen in einem Mörser mit dem
Stößel zerkleinern. Das Dressing zu dem Gemüse in die Pfanne geben und
einige Minuten dünsten. Dann das Ganze mit dem Weißwein und einer Kelle
Nudelkochwasser ablöschen. Nun die Hitze auf niedrig reduzieren und die
Soße einige Minuten lang sieden lassen.

Sobald die Nudeln gar sind, abtropfen lassen und die Nudeln in die Soße
geben. Die Nudeln schwenken und umrühren, bis sie komplett mit den
herrlichen Aromen überzogen sind. Die Pasta sofort mit etwas zusätzlichem
Zitronensaft und -abrieb servieren.

KÖSTLICHE KÜRBIS-SALBEI-SHIITAKE-NUDELN

FÜR **4 PORTIONEN**	ZEIT **90 MINUTEN**	SCHWIERIGKEIT **5/10**

CAN BE GF

1 Butternusskürbis, längs halbiert, Kerne entfernt

2 EL Olivenöl

400 g Vollkornnudeln

1 Zwiebel, grob gehackt

3 Knoblauchzehen, geschält

1 kleine rote Chilischote

4 sonnengetrocknete Tomaten

6 frische Salbeiblätter

8 Shiitake-Pilze, fein geschnitten

1 TL geräuchertes Paprikapulver

2 EL Balsamico-Essig

Meersalz und schwarzer Pfeffer, grob gemahlen

Zum Anrichten

knusprig gebratene Salbeiblätter (optional)

4 EL Kürbiskerne

veganer Käse

Den Backofen auf 180 °C vorheizen.

Die beiden Kürbishälften mit der geschnittenen Seite nach oben auf ein Backblech legen. Mit etwas Öl beträufeln und mit ein wenig Salz und Pfeffer bestreuen. Dann ca. 55 Minuten rösten oder bis der Kürbis weich ist. Aus dem Ofen nehmen und etwas abkühlen lassen.

Die Nudeln in einem Topf mit kochendem Salzwasser nach Packungsanweisung garen.

Das abgekühlte Fleisch des Butternusskürbisses herausschöpfen und in eine Schüssel geben.

Zwiebel, Knoblauch, Chili, sonnengetrocknete Tomaten und Salbei in einen Multizerkleinerer geben und fein hacken. Alternativ einfach alles von Hand fein schneiden (das Hacken geht nur ein bisschen schneller!).

Einen großen antihaftbeschichteten Topf bei mittlerer Hitze auf den Herd stellen. Wenn der Topf heiß ist, einen Hauch Olivenöl hinzufügen, gefolgt von der Zwiebelmischung. Etwas Salz darüber streuen und 3 bis 4 Minuten anbraten. Dabei entwickelt die Soße einen hervorragenden Grundgeschmack.

Die Shiitake-Pilze hinzufügen und für weitere 3 bis 4 Minuten garen, sodass sie wirklich schön golden und knusprig werden. Es gibt nichts Schlimmeres als matschige Pilze!

Das Ganze mit dem Balsamico-Essig ablöschen, dann das Kürbisfleisch und 1 Teelöffel schwarzen Pfeffer hinzufügen. 4 Minuten kochen lassen, damit sich die Aromen vermischen und der Kürbis eine schöne Farbe bekommt. Eine kleine Kelle Nudelkochwasser hinzugeben, um es etwas soßiger zu machen. Nun die gekochten, abgetropften Nudeln hinzufügen. Alles gut miteinander vermischen und dabei darauf achten, dass die Nudeln vollständig mit der Soße überzogen sind.

Um knusprige Salbeiblätter zum Anrichten herzustellen, diese einfach einige Minuten in etwas Olivenöl braten, bis sie kross sind.

Zum Anrichten die Nudeln mit einigen Kürbiskernen bestreuen und die knusprigen Salbeiblätter darauf geben. Etwas geriebenen veganen Käse darüber streuen.

UNGLAUBLICHE ONE-POT TOMATENNUDELN

Vielleicht überrascht euch dieses One-Pot Gericht, denn es ist wirklich enorm geschmackvoll. Eure Freunde und Familie werden nie erraten, wie einfach es zuzubereiten ist. Das verspreche ich!

FÜR **2 PORTIONEN**	ZEIT **25 MINUTEN**	SCHWIERIGKEIT **3/10**

200 g getrocknete Nudeln

1 Zwiebel, fein geschnitten

1 Knoblauchzehe, gehackt

12 Kirschtomaten

2 EL Tomatenmark

1 Handvoll Blattpetersilie, gehackt

240 ml (1 cup) veganer Weißwein

240 ml (1 cup) Gemüsebrühe

1 Handvoll entkernte schwarze Oliven, gehackt

3 EL Kapern

1 Prise Meersalz

2 TL gemahlener schwarzer Pfeffer

Gebt einfach alle Zutaten in einen großen, schweren Kochtopf und verschließt ihn mit einem Deckel.

Den Topf nun bei niedriger Hitze auf den Herd stellen und alles 15 bis 18 Minuten lang kochen. Ab und zu umrühren. Wenn die Nudeln gar sind, ist das Gericht fertig.

Stellt den Topf einfach in die Mitte des Esstisches und serviert die Pasta daraus.

PIKANTE ARRABIATA-PASTA

| FÜR **4 PORTIONEN** | ZEIT **40 MINUTEN** | SCHWIERIGKEIT **3/10** |

CAN BE GF

15 Kirschtomaten, halbiert

1 rote Paprikaschote, entkernt und fein geschnitten

3 EL Olivenöl

1 Zwiebel, fein gehackt

6 Knoblauchzehen, gehackt

1 – 2 rote Chilischoten (Menge nach Geschmack), fein gehackt

2 TL Meersalz

2 TL schwarzer Pfeffer, grob gemahlen

2 x 400 g Dosen gehackte Tomaten

2 EL feiner Zucker

2 EL Weißweinessig

400 g getrocknete Nudeln

1 Handvoll frisches Basilikum, fein gehackt, plus zusätzliche Blätter zum Anrichten

Den Grill des Backofens auf hoher Stufe vorheizen. Ein Backblech mit Alufolie auslegen und die Kirschtomaten und Paprika mit der Schnittseite nach oben darauf legen und mit etwas Öl beträufeln.

Das Backblech für 10 bis 12 Minuten unter den Grill schieben oder so lange, bis die Tomaten etwas knusprig und golden geworden sind. Herausnehmen und beiseitestellen. Durch diese Art der Zubereitung werden die Süße und der gesamte Geschmack der Tomaten verstärkt.

Einen großen antihaftbeschichteten Topf bei mittlerer Hitze auf den Herd stellen. Einen Spritzer Öl hineingeben, gefolgt von Zwiebeln, Knoblauch, Chili sowie Salz und Pfeffer. 2 Minuten anbraten.

Die gehackten Tomaten, Zucker und Essig hinzufügen. Die Hitze auf niedrige Stufe reduzieren und die Soße 12 bis 15 Minuten kochen lassen. Dabei ab und zu umrühren.

Währenddessen die Nudeln in kochendem Salzwasser gemäß Packungsanweisung kochen.

Die Soße sollte mittlerweile eingedickt und reduziert sein, wodurch der Geschmack intensiviert wird. Das gehackte Basilikum sowie die gegrillten Kirschtomaten und Paprika unterrühren.

Wenn die Nudeln gar sind, abtropfen lassen und dann unter die Soße mischen. Dabei darauf achten, dass die Nudeln gut mit Soße überzogen sind.

Die Nudeln sofort mit etwas frischem Basilikum servieren.

05

AROMA-
TISCHE
CURRYS

Aromatische
Currys

KICHERERBSENCURRY MIT KURKUMAREIS

| FÜR **4 PORTIONEN** | ZEIT **30 MINUTEN** | SCHWIERIGKEIT **5/10** |

2 EL Pflanzenöl

1 Zwiebel, fein gehackt

3 Knoblauchzehen, gehackt

1 scharfe rote Chilischote, fein gehackt

1 daumengroßes Stück frischer Ingwer, geschält und gehackt

3 TL Meersalz

1 TL Kurkuma, gemahlen

1 TL Senfkörner

1 TL Koriander, gemahlen

1 TL Kreuzkümmel, gemahlen

4 Curryblätter

1 TL Bockshornklee, gemahlen

2 EL Tomatenmark

2 x 400 g Dosen Kichererbsen, abgetropft

1 x 400 ml Dose Kokosmilch

1 EL Kokosmehl

frischer Koriander, zum Anrichten

1 EL schwarze Zwiebelsamen, zum Anrichten

Für den Reis

200 g (1 cup) Basmatireis, gewaschen

½ TL Kurkuma, gemahlen

1 Zimtstange

1 Kardamomschote

1 Prise Meersalz

Einen großen Topf bei mittlerer Hitze auf den Herd stellen und das Öl hineingeben. Wenn das Öl heiß ist, die Zwiebel, den Knoblauch, die Chili und den Ingwer hinzufügen. 10 Minuten braten lassen, dabei häufig umrühren. Dies ist der wichtigste Teil der Curry-Zubereitung! Wenn die Grundzutaten schön golden werden, wird das fertige Curry einen kräftigen Geschmack haben.

Das Salz und alle weiteren Gewürze hinzugeben und unter ständigem Rühren weitere 3 bis 4 Minuten braten. So können die Gewürze rösten und ihre Aromen freisetzen. Das Tomatenmark hineingeben und noch 1 Minute ziehen lassen, dann die Kichererbsen hinzufügen. Gut umrühren, damit sie mit all den guten Aromen überzogen sind.

Das Ganze mit der Kokosmilch ablöschen, noch einmal umrühren und dann zum Köcheln bringen. Das Curry nun ca. 12 Minuten lang sanft sieden lassen.

In der Zwischenzeit den Reis zubereiten. Dazu Reis, Kurkuma, Zimtstange, Kardamom und Salz zusammen mit 480 ml Wasser in einen kleinen Topf geben. Nun den Deckel aufsetzen und den Topfinhalt bei schwacher Hitze etwa 12 Minuten lang sanft kochen lassen oder bis die Flüssigkeit vom Reis aufgenommen wurde und er perfekt gegart ist.

Wenn der Reis gar ist, unmittelbar vor dem Servieren das Kokosmehl in das Curry einrühren, um es ein wenig anzudicken.

Das Curry mit Reis, ein paar frischen Korianderblättern und einer Prise schwarzer Zwiebelsamen servieren.

Foto auf Seite 86

TRINIDAD-DOUBLES

FÜR **6 PORTIONEN**	ZEIT **120 MINUTEN**	SCHWIERIGKEIT **7/10**

1 Portion Kichererbsencurry – anstelle aller Gewürze eine Scotch Bonnet Chili und 1 EL karibisches Currypulver verwenden

Für die Baras (Fladen)

2 TL Aktiv-Trockenhefe

195 g (1 ½ cups) Weizenmehl Type 812

195 g (1 ½ cups) Weizenmehl Type 405, plus etwas mehr zum Ausrollen

TL Meersalz

1 TL Kurkuma, gemahlen

1 TL Kreuzkümmel, gemahlen

2 TL feiner Zucker

1 TL Backpulver

2 EL Olivenöl, plus mehr zum Einfetten

1.5 Liter Pflanzenöl

Für die Tamarindensoße

115 g (½ cup) Tamarindenpaste

¼ Scotch Bonnet Chili

1 Zwiebel

2 Knoblauchzehen

Saft von 1 Limette

2 TL frische Thymianblätter

3 EL feiner Zucker

Für die Gurkensalsa

1 Gurke, Samen entfernt, geraspelt

½ TL Meersalz

1 Prise getrocknete Chiliflocken

Zuerst die Baras (Fladen; Anm. des Verlags) zubereiten. Dazu die Hefe mit 315 ml lauwarmem Wasser in einem Messbecher verquirlen und einige Minuten beiseitestellen, damit die Hefe aktiviert wird.

In der Zwischenzeit alle trockenen Zutaten in eine Küchenmaschine oder einen Standmixer mit Knethakenaufsatz geben und gut mischen. Dann die Hefemischung zusammen mit dem Olivenöl hinzufügen und bei mittlerer Geschwindigkeit verrühren. Den Teig 8 Minuten lang kneten lassen. Wenn der Teig etwas zu feucht aussieht, etwas mehr Mehl hinzufügen. Oder wenn er zu trocken ist, etwas mehr Wasser zugeben.

Eine Schüssel leicht mit Öl einfetten. Den Teig in die Schüssel geben und mit einem feuchten Tuch abdecken. 45 Minuten lang, oder bis sich der Teig verdoppelt hat, an einem warmen Ort gehen lassen.

Für die Tamarindensoße alle Zutaten in einen Mixer mit 240 ml Wasser geben und glatt rühren. In eine kleine Pfanne gießen und bei geringer Hitze etwa 15 Minuten lang köcheln lassen, damit die Soße eindickt. Sobald die Soße dickflüssig ist, ist sie fertig.

Für die Gurkensalsa einfach alle Zutaten in einer Schüssel miteinander vermischen.

Zurück zu den Baras. Eine Arbeitsfläche leicht mehlen und den aufgegangenen Teig aus der Schüssel nehmen. Den Teig in eine große Wurstform rollen und in 16 gleichgroße Stücke schneiden. Jedes Stück zu einem 1 cm dicken Fladen (ca. 13 cm Durchmesser) ausrollen. Jeden Fladen leicht bemehlen und dann auf Backpapier legen.

Einen großen Topf zur Hälfte mit Pflanzenöl füllen und bei mittlerer Hitze auf den Herd stellen. Wenn das Öl heiß ist (Test durch Eintauchen eines Holzlöffels in das Öl – wenn sich am Löffel Blasen bilden, ist das Öl heiß genug), vorsichtig einen Teigfladen in das Öl geben und von jeder Seite 2 Minuten lang frittieren. Dabei die Bara vorsichtig mit einem Wok-Abseihlöffel wenden. Sobald sie goldgelb ist und Blasen geworfen hat, die Bara aus dem Öl nehmen und auf einen Teller mit Küchenpapier legen, um das überschüssige Öl aufzusaugen. Mit dem Rest des Teigs ebenso verfahren, dabei jeweils nur eine Bara frittieren.

Zum Servieren zwei Baras auf ein Stück fettdichtes Papier legen und mit einer großzügigen Menge Curry, Tamarindensoße und Gurkensalsa belegen.

Foto auf Seite 87

KICHERERBSENCURRY MIT KURKUMAREIS S. 84

TRINIDAD-DOUBLES S.85

GRÜNES THAI-CURRY

FÜR **4 PORTIONEN**	ZEIT **40 MINUTEN**	SCHWIERIGKEIT **5/10**

Pflanzenöl zum Braten

1 x 280 g Stück fester Tofu

½ Butternusskürbis, geschält, gewürfelt und gedünstet oder gekocht, bis er weich ist

1 Handvoll Broccolini, jeweils in 3 Stücke geschnitten

1 Handvoll Zuckerschoten

1 x 400 ml Dose Kokosmilch

Für die Currypaste

1 TL Kreuzkümmelsamen

2 TL Koriandersamen

1 TL Meersalz

4 Knoblauchzehen

1 Zitronengras-Stiel, holziger Teil entfernt, fein gehackt

1 daumengroßes Stück frischer Ingwer, geschält

Saft von ½ Limette

5 grüne Birds Eye Chilis

1 TL Sojasoße (oder Tamari für GF)

2 Kaffernlimettenblätter (frisch oder getrocknet)

1 Handvoll frischer Koriander

Zum Anrichten

frisches Thai-Basilikum

Reis oder Nudeln

1 Handvoll Koriander

Limonenspalten

1 rote Chilischote, fein gehackt

geröstete Erdnüsse (optional)

Zuerst die Currypaste zubereiten. Dazu die Kreuzkümmel- und Koriandersamen rösten, indem beide in eine trockene, fettfreie Pfanne gegeben und bei mittlerer Hitze geröstet werden. Dies dauert nicht lange – ungefähr 2 Minuten. Wenn die Gewürze beginnen zu duften, sind sie fertig.

Die gerösteten Samen und alle restlichen Zutaten für die Paste in einen Multizerkleinerer oder Standmixer geben und so lange pürieren, bis eine glatte Paste entsteht. Gegebenenfalls etwas Pflanzenöl oder Wasser hinzufügen, damit die Mischung sich leichter pürieren lässt.

Für das Curry den Tofu in mundgerechte Würfel schneiden. Der Tofu und der Kürbis müssen eine schöne Farbe bekommen. Dazu einen großen Topf oder Wok auf hoher Hitze aufstellen und einen Hauch Öl hineingeben. Den Tofu und den Kürbis hinzufügen und 3 bis 4 Minuten unter häufigem Rühren braten, bis beides schön goldfarben ist.

Nun einen großzügigen Esslöffel der Currypaste in den Wok geben und den Wok gut schwenken, damit der gesamte Tofu gut damit überzogen wird. Dann den Rest des Gemüses hineingeben.

Alles ein paar Minuten lang garen, dann mit Kokosmilch und 240 ml Wasser ablöschen (ich benutze normalerweise die Kokosnussdose, um das Wasser abzumessen). Den Herd auf niedrige Hitze herunterdrehen und das Curry etwa 10 bis 12 Minuten lang köcheln lassen.

Das Curry mit Reis oder Nudeln servieren und jeden Teller mit frischem Thai-Basilikum, Koriander, einer Limettenspalte, gehackter roter Chilischote und etwas gerösteten Erdnüssen für einen knusprigen Crunch anrichten.

Dieses Rezept ergibt genug Currypaste, um mein grünes Thai-Curry zwei- bis dreimal zu machen. Ich empfehle, die Paste in einem Einmachglas im Kühlschrank aufzubewahren. Sie hält sich so gut 2–3 Wochen!

JAMAIKANISCHES GEMÜSECURRY

Ihr müsst unbedingt Scotch Bonnet Chilis verwenden, um diesem Gericht einen authentischen Geschmack zu verleihen. Dies ist mein Lieblingscurry! Das Beste daran ist, dass es im Handumdrehen fertig ist.

FÜR **4 PORTIONEN**	ZEIT **15 MINUTEN**	SCHWIERIGKEIT **3/10**

3 EL Kokosöl

5 Frühlingszwiebeln, fein gehackt

5 Knoblauchzehen, gerieben

1 Scotch Bonnet Chili, halbiert

1 EL getrockneter Thymian

1 Lorbeerblatt

2 EL jamaikanisches Currypulver

½ TL gemahlener Ingwer

3 EL Tomatenmark

1 rote Paprikaschote, in Streifen geschnitten

5 kleine Zucchini, gewürfelt

1 Handvoll zarte Brechbohnen, zerkleinert

1 Handvoll Broccolini, zerkleinert

1 Handvoll Spargelspitzen

1 x 400 ml Dose Kokosmilch

1 x 400 g Dose Kichererbsen, abgetropft und abgespült

Handvoll Meerfenchel (optional)

Meersalz und schwarzer Pfeffer, gemahlen

Servieren mit

Frittierten Kochbananen (Seite 168)

gerösteten Kokosflocken

Eine große antihaftbeschichtete Pfanne oder einen Wok bei mittlerer Hitze aufstellen. Das Kokosöl hinzufügen, gefolgt von den Frühlingszwiebeln, Knoblauch, Chili und einer Prise Salz und Pfeffer. 1 Minute anbraten, dann die getrockneten Kräuter, Gewürze und das Tomatenmark hinzugeben. Die Mischung unter häufigem Rühren 4 bis 5 Minuten lang garen.

Paprika, Zucchini, Bohnen, Broccolini und Spargel hinzufügen. Einige Minuten kochen lassen. Dabei gut miteinander verrühren, damit alles mit den feinen Aromen überzogen wird.

Das Ganze mit Kokosmilch, Kichererbsen und 240 ml Wasser ablöschen. Den Herd auf hohe Hitze bringen und das Curry einige Minuten lang sprudelnd kochen lassen. Dann, falls verwendet, den Meerfenchel hinzufügen.

Wenn das Curry genug eingedickt ist, kann es serviert werden. Dazu einige frittierte Kochbananen darauf geben und geröstete Kokosflocken darüber streuen.

SCHARFER & FRUCHTIGER INDISCHER HÄHNCHENCURRY-PIE

Obst in Currys funktioniert richtig gut, besonders in scharfen Currys. Der Apfel in diesem Rezept verleiht ihm gemeinsam mit all den wunderbaren Gewürzen einen tollen Pfiff. Ich benutze gerne einen Pastetenschornstein – er lässt nicht nur die Luft entweichen, sondern sieht total cool aus! Mit seinem knusprigen Blätterteig ist dieser Pie ein echter Hingucker!

FÜR **4–6 PORTIONEN**	ZEIT **80 MINUTEN**	SCHWIERIGKEIT **3/10**

3 EL Pflanzenöl

2 Kardamomkapseln

4 frische oder getrocknete Curryblätter

1 Zimtstange

1 grüne Chilischote, längs halbiert

1 Zwiebel, fein gehackt

5 Knoblauchzehen, gehackt

1 EL frischer Ingwer, gehackt

1 TL Senfkörner

½ TL Kurkuma, gemahlen

2 TL Chilipulver

1 TL Kreuzkümmel, gemahlen

1 TL Koriander, gemahlen

1 Prise Muskatnuss

2 TL Meersalz

2 EL Tomatenmark

200 g (2 cups) veganes „Hühnchen" oder veganes Protein nach Wahl

2 Äpfel, geschält und gewürfelt

1 x 400 g Dose gehackte Tomaten

1 Handvoll Koriander, gehackt

500 g rollfertiger Blätterteig

Weizenmehl oder glutenfreies Mehl, zum Ausrollen

Für die Glasur

2 EL Ahornsirup

2 EL Olivenöl

2 EL Pflanzenmilch

Ihr könnt vor dem Servieren noch schwarze Zwiebelsamen über den Pie streuen. Sie verleihen dem Gericht einen köstlich aromatischen Geschmack.

Arbeitsschritte auf Seite 94...

Scharfer & fruchtiger indischer Hähnchencurry-Pie: Arbeitsschritte ...

Einen großen antihaftbeschichteten Topf bei schwacher Hitze auf den Herd stellen und das Öl hinzufügen. Wenn das Öl heiß ist, die Kardamomkapseln, Curryblätter, Zimtstange und die grüne Chili hineingeben. Das Öl nun einige Minuten mit den Gewürzen ziehen lassen, damit diese ihre Aromen freigeben. Dann Zwiebel, Knoblauch und Ingwer hinzufügen. Alles zusammen für 10 Minuten kochen lassen. Es ist wichtig, dass die Zwiebeln schön goldfarben werden – dadurch wird ihr gesamter Zucker freigesetzt, was dem Curry einen tollen Grundgeschmack verleiht.

Sobald die Zwiebeln goldfarben sind, alle restlichen Gewürze und das Meersalz hinzufügen. Einige Minuten garen lassen, dabei häufig umrühren.

Nun das Tomatenmark, das vegane Hühnchen und die Äpfel hinzugeben. Gut umrühren, damit das Huhn und der Apfel mit all den Aromen überzogen werden.

Dann die gehackten Tomaten und etwa 240 ml Wasser hinzufügen – ich nutze einfach die Tomatendose, wasche sie mit Wasser aus und füge dieses Wasser hinzu. Alles gut miteinander verrühren. Nun einen Deckel auf den Topf geben und das Curry 20 Minuten köcheln lassen. Zwischendurch umrühren.

Nach 20 Minuten sollte das Curry eingedickt sein, schön riechen und die Äpfel weich geworden sein. Den Herd ausstellen, um das Curry etwas abkühlen zu lassen.

Vor der Zubereitung des Pies den Backofen auf 180 °C vorheizen.

Den Blätterteig auf einer leicht bemehlten Arbeitsfläche etwa 2,5 cm größer ausrollen, als die verwendete Auflaufform ist. Er sollte etwa 3 mm dick sein.

Alle Zutaten für die Glasur in einer kleinen Schüssel miteinander verrühren.

Das Curry in die Auflaufform geben und mit dem Blätterteig belegen. Die Teigränder mit den Fingern zusammendrücken und die Glasur darüber streichen. Ich mache gerne mit einem Messer einen kleinen Einschnitt in der Mitte des Teigs und führe einen Pastetenschornstein ein, damit die Luft beim Backen des Pies entweichen kann – aber das ist nicht unbedingt notwendig.

Den Pie auf die mittlere Schiene des Ofens schieben und 30 Minuten lang backen. Sobald der Blätterteig gut aufgeblättert und schön goldbraun ist, servieren.

AROMATISCHES ERDNUSSCURRY

Dieses herzhafte Curry ist ein tolles Meal-Prep-Gericht. Den Tofu sollte man backen, bevor man ihn zum Curry gibt, denn das macht ihn super fleischig. Wer das Curry lieber nussfrei haben möchte, kann die Erdnussbutter durch Tahini ersetzen. Und wer es ölfrei möchte, dünstet das Gemüse einfach in Wasser.

FÜR **4–6 PORTIONEN**	ZEIT **50 MINUTEN**	SCHWIERIGKEIT **3/10**

1 EL Olivenöl (optional)

2 rote Zwiebeln, in Stücke geschnitten

3 Knoblauchzehen, gehackt

1 daumengroßes Stück frischer Ingwer, geschält und gehackt

1 rote Chilischote, entkernt und fein gehackt

1 EL Currypulver

1 EL getrockneter Thymian

2 TL Meersalz

1 kleiner Butternusskürbis, geschält und entkernt, dann gewürfelt

1 rote Paprikaschote, gewürfelt

2 EL Tomatenmark

1 x 280 g Stück fester Tofu, gewürfelt

2 EL crunchy Erdnussbutter

1 x 400 ml Dose Kokosmilch

1 Handvoll Koriander, grob gehackt

Zum Anrichten

Reis

Frühlingszwiebeln, gehackt

Limettenspalten

Den Backofen auf 180 °C vorheizen und ein Backblech mit Backpapier auslegen.

Einen großen antihaftbeschichteten Topf bei mittlerer Hitze auf den Herd stellen. Das Öl hineingeben (falls verwendet), gefolgt von der Zwiebel, dem Knoblauch, dem Ingwer und der Chili. Die Mischung 4 Minuten lang anbraten, bis die Zwiebeln schön goldbraun sind. Nun das Currypulver, den Thymian und das Salz hinzufügen und noch einige Minuten braten.

Dann die Hitze auf niedrige Stufe reduzieren und den Kürbis, die Paprika, das Tomatenmark und 240 ml Wasser hinzufügen. Den Topf mit einem Deckel verschließen und alles mindestens 12 Minuten lang kochen oder so lange, bis der Kürbis zart ist. Alle paar Minuten umrühren.

In der Zwischenzeit die Tofuwürfel mit Küchenpapier trocken tupfen. Die Würfel auf das ausgekleidete Backblech legen und 15 Minuten lang im Ofen backen.

Sobald der Kürbis weich ist, die Erdnussbutter und die Kokosmilch unterrühren.

Das Tofu sollte jetzt goldfarben und „fleischig" sein. Aus dem Ofen nehmen und zusammen mit dem gehackten Koriander in das Curry geben.

Nun das Curry weitere 10 Minuten kochen lassen. Dann abschmecken und gegebenenfalls nachwürzen und zusätzliches Wasser hinzufügen, wenn das Curry zu dick für euren Geschmack ist.

Das Curry mit Reis servieren, garniert mit gehackten Frühlingszwiebeln und Limettenspalten.

GERÖSTETER CURRY-BLUMENKOHL

| FÜR **4 PORTIONEN** | ZEIT **45 MINUTEN** | SCHWIERIGKEIT **5/10** | GF |

1 weiße Zwiebel, grob gehackt

4 Knoblauchzehen

2 grüne Chilischoten

3 EL Tomatenmark

1 TL Kurkuma, gemahlen

1 TL Kreuzkümmel, gemahlen

1 TL Koriander, gemahlen

1 TL Muskatblüte, gemahlen

1 TL Bockshornklee, gemahlen

1 TL Meersalz

1 EL Olivenöl

2 Blumenkohl, äußere Blätter entfernt, in große Röschen geschnitten

3 EL Mandelblättchen

3 EL Sultaninen oder Rosinen

Zum Anrichten

frischer Koriander

Reis

Limetten-Pickle

Den Backofen auf 190 °C vorheizen.

Zuerst wird eine schöne aromatische Currypaste zubereitet. Dazu Zwiebel, Knoblauch, Chili, Tomatenmark, alle Gewürze und Salz in einen Mixer geben. Einmal kurz anstellen, dann genügend Wasser hinzufügen, damit es sich zu einer glatten Paste vermischt.

Eine große ofenfeste Pfanne bei mittlerer Temperatur erhitzen und das Öl hinzufügen. Wenn das Öl heiß ist, die Currypaste hineingeben und diese 4 bis 5 Minuten lang braten. Danach die Blumenkohlröschen hinzufügen.

Den Blumenkohl einige Minuten lang Farbe annehmen lassen, dann die Mandelblättchen und Sultaninen oder Rosinen darüber streuen.

Den Herd ausstellen und die Pfanne gut mit Alufolie abdecken. Nun die Pfanne für 30 Minuten auf der unteren Schiene in den Ofen stellen.

Nach 25 Minuten Garzeit die Alufolie entfernen, damit der Blumenkohl oben schön gefärbt wird und einen aromatischeren Geschmack erhält.

Nach 30 Minuten überprüfen, ob der Blumenkohl zart ist. Dazu mit einem kleinem Messer oder einem Spieß in eines der Kohlstücke stechen. Wenn es noch zu hart ist, den Blumenkohl einfach etwas länger im Ofen lassen.

Den Blumenkohl mit einer Prise gehacktem Koriander, Reis und etwas Limetten-Pickle servieren.

Ich verwende für dieses Rezept gerne eine gusseiserne Pfanne. Wenn ihr keine ofenfeste Pfanne habt, könnt ihr das Gericht natürlich trotzdem zubereiten. Gebt dazu einfach die gesamte Mischung aus der Pfanne in eine Auflaufform, bevor ihr sie in den Ofen stellt.

EINFACHES CHINESISCHES CURRY

| FÜR **4–6 PORTIONEN** | ZEIT **45 MINUTEN** | SCHWIERIGKEIT **3/10** |

Pflanzenöl, zum Braten

2 weiße Zwiebeln, in Stücke geschnitten

4 Knoblauchzehen, gehackt

1 rote Chilischote, fein geschnitten

1 daumengroßes Stück frischer Ingwer, geschält und fein gehackt

3 TL Currypulver

3 TL chinesisches Fünf-Gewürze-Pulver

2 TL Meersalz

1 TL schwarzer Pfeffer, grob gemahlen

1 grüne Paprikaschote, entkernt und gewürfelt

1 Karotte, dünn geschnitten

250 g gemischte asiatische Pilze

2 x 400 g Dosen Jackfrucht, abgetropft und Wasser herausgedrückt

1 Liter Gemüsebrühe

1 x 160 ml Dose Kokoscreme

2 TL Zitronengraspaste

1 EL Misopaste

Zum Anrichten

4 Frühlingszwiebeln, fein gehackt

1 rote Chilischote, fein gehackt

Vollkornnudeln, nach Packungsanweisung gekocht

Einen großen Topf bei mittlerer Hitze auf den Herd stellen und einen Hauch Öl hinzufügen. Wenn das Öl heiß ist, die Zwiebel, den Knoblauch, die Chilischote, den Ingwer, das Currypulver, das chinesische Fünf-Gewürze-Pulver, das Salz und den Pfeffer hinzugeben.

Die Mischung unter häufigem Rühren 2 bis 3 Minuten anbraten. Dann die Paprika, Karotte, Pilze und Jackfrucht hinzufügen. Weitere 5 Minuten braten, damit die Pilze schön goldbraun werden.

Das Ganze mit Brühe, Kokoscreme, Zitronengras- und Misopaste ablöschen.

Den Topf mit einem Deckel verschließen, die Temperatur herunterdrehen und das Curry 30 Minuten lang sprudelnd kochen lassen. Hin und wieder umrühren.

Wenn das Curry gut eingedickt ist, ist es servierfertig.

Mit Nudeln servieren und vor dem Anrichten die gehackten Frühlingszwiebeln und Chili darüber streuen.

06

Hauptgerichte

NASI GORENG

Das Nasi-Goreng, das ich auf einer Reise nach Indonesien gegessen habe, fand ich absolut fantastisch. Und meine Version finde ich genauso toll. Ein Vorteil dieses Gerichts ist, dass es so einfach und schnell zu machen ist. „Nasi Goreng" bedeutet schlicht „gebratener Reis". Übrig gebliebenes Sambal könnt ihr in einem verschlossenen Behälter im Kühlschrank für ein paar Wochen aufbewahren, sodass das Nasi Goreng beim nächsten Mal noch schneller zubereitet werden kann.

FÜR **4 PORTIONEN**	ZEIT **20 MINUTEN**	SCHWIERIGKEIT **5/10**

360 g (2 cups) Langkornreis

1 rote Zwiebel, fein geschnitten

125 g (1 cup) gefrorene Erbsen, aufgetaut

1 rote Paprikaschote, fein geschnitten

5 Baby-Zucchini, schräg geschnitten

1 Handvoll zarte Bohnen, gehackt

175 – 190 g (1 cup) veganes Protein wie Tofuwürfel oder veganes „Hähnchen"

3 EL Ketjap Manis oder Sojasoße

1 Handvoll geröstete Cashewnüsse

Für die knusprigen Schalotten

2 Schalotten, fein geschnitten

500 ml (2 cups) Pflanzenöl

1 Prise Meersalz

Für das Sambal

3 rote Chilischoten

3 Knoblauchzehen

1 EL Tomatenmark

1 EL Zitronengraspaste

2 EL Erdnussöl

1 TL Meersalz

Saft und Schale von 1 Limette

Zuerst den Reis nach Packungsanweisung kochen.

Für die Zubereitung der knusprigen Schalotten, einfach eine kleine Pfanne, die zur Hälfte mit Pflanzenöl gefüllt ist, auf etwa 180 °C erhitzen. Zum Test einen Holzlöffel in das Öl tauchen. Wenn sich um den Löffel herum Blasen bilden, ist das Öl heiß genug. Die Schalotten vorsichtig in das Öl geben und 2 Minuten, oder bis sie goldbraun sind, braten. Dann die Schalotten aus dem Öl nehmen und auf einen mit Küchenpapier ausgelegten Teller legen, um überschüssiges Öl abtropfen zu lassen.

Alle Zutaten für das Sambal in einen Standmixer geben und zu einer glatten Paste pürieren.

Einen Wok bei starker Hitze vorheizen und dann das Sambal hinzufügen. Etwa eine Minute kochen lassen, dabei häufig umrühren.

Das gesamte Gemüse und das vegane Eiweiß in den Wok geben und 5 bis 6 Minuten unter Rühren braten.

Wenn der Reis gar ist, abtropfen lassen und dann in den Wok geben. 3 bis 4 Minuten braten. Den Reis mit allen anderen Zutaten gut vermischen und häufig umrühren, damit der Reis nicht klebt und anbrennt.

Nun das Ketjap Manis oder die Sojasoße und die Cashewnüsse einrühren. Nochmals alles sehr gut verrühren, damit der Reis schön mit allen Aromen überzogen wird. Dann den Herd ausstellen und das Nasi Goreng mit einer Prise knuspriger Schalotten servieren.

Foto auf Seite 106/107

Ich nehme gerne zusätzliches Ketjap Manis

490

491

Mit knusprigen Schalotten anrichten

Das Sambal pürieren, bis es glatt ist

So lässt sich der Reis schön formen

407

501

534

KNUSPRIG GEBRATENER ZITRONEN-TOFU

FÜR **4 PORTIONEN**	ZEIT **30 MINUTEN**	SCHWIERIGKEIT **5/10**

270 g (2 cups) Weizenmehl oder glutenfreies Mehl

1 TL Backpulver

1 TL Meersalz, plus etwas mehr zum Bestreuen

480 ml (2 cups) Zitronen-Kombucha oder Sprudelwasser

1 Liter Pflanzenöl, zum Frittieren

2 x 280 g Packungen fester Tofu, trocken getupft und gewürfelt

1 Zwiebel, geviertelt

½ Kopf Brokkoli, in Röschen geschnitten

1 rote Paprikaschote, fein geschnitten

5 Frühlingszwiebeln, in 2 cm große Stücke geschnitten

2 Pak Choi, geviertelt

1 Tasse gefrorene Erbsen

Für die Zitronensoße

Schale und Saft von 2 Zitronen

2 EL Reisweinessig

3 EL feiner Zucker

1 EL Sojasoße oder Tamari

2 TL Sriracha-Soße

2 EL Maismehl oder Speisestärke

Zum Anrichten

gekochter Reis

geröstete Cashewnüsse

Pilz-„Garnelen"-Toast (Seite 61)

Zuerst die Zitronensoße zubereiten. Dazu alle Zutaten außer dem Maismehl zusammen mit 360 ml Wasser in einen kleinen Topf geben und verrühren. Den Topf bei niedriger Hitze auf den Herd stellen und alles 10 Minuten köcheln lassen. Dabei ab und zu umrühren.

In der Zwischenzeit das Maismehl in eine kleine Schüssel geben und mit ausreichend Wasser mischen, um eine glatte, flüssige Konsistenz zu erhalten.

Die Maismehlmischung in die Soße einrühren und so lange miteinander verquirlen, bis die Soße eingedickt ist. Einen Hauch mehr Wasser hinzufügen, wenn die Soße zu dick ist, oder etwas mehr Maismehl, wenn sie zu dünn ist. Die Soße beiseitestellen, bis die restlichen Zutaten servierfertig sind. (Die Soße kann bis zu 3 Wochen in einem verschlossenen Behälter im Kühlschrank aufbewahrt werden.)

Für den knusprigen Tofu das Mehl, das Backpulver und das Salz in eine Schüssel geben und gut miteinander vermischen. Genügend Kombucha oder Mineralwasser einrühren, bis eine Pfannkuchenteig-Konsistenz entsteht.

Einen großen Topf zur Hälfte mit Öl füllen und dieses bei mittlerer Hitze auf 180 °C erhitzen. Zum Test einen Holzlöffel in das Öl tauchen. Wenn sich um den Löffel herum Blasen bilden, ist das Öl heiß genug.

Die Tofuwürfel langsam durch den Teig ziehen und dann vorsichtig in das heiße Öl senken. Die Tofuwürfel 3 Minuten lang, oder bis sie goldgelb und knusprig sind, frittieren. Den Tofu nach der Hälfte des Garvorgangs mit einem Wok-Abseihlöffel oder einer Siebkelle wenden.

Den knusprigen Tofu aus dem Öl nehmen und auf einen mit Küchenpapier ausgelegten Teller legen. Mit Salz bestreuen und beiseitestellen, bis der Rest servierfertig ist.

Nun einen großen Wok auf hoher Stufe erhitzen und einen Hauch Öl hinzufügen. Wenn das Öl heiß ist, die Zwiebel, den Brokkoli, den Paprika, die Frühlings- zwiebeln, den Pak Choi und die Erbsen hineingeben und 5 Minuten lang anbraten. Gegen Ende des Bratvorgangs einen Hauch Zitronensoße hinzugeben.

Das Gemüse mit Reis, den knusprigen Tofukugeln, einer Handvoll gerösteten Cashewnüssen und viel Soße servieren und dazu einen Pilz-„Garnelen"-Toast reichen.

PILZ-„GARNELEN"-TOAST S.61

EINTOPF AUS SCHWARZEN BOHNEN MIT PERLGRAUPEN

FÜR **4 PORTIONEN**	ZEIT **35 MINUTEN**	SCHWIERIGKEIT **3/10**

2 EL Pflanzenöl

1 rote Zwiebel, fein gehackt

3 Knoblauchzehen, gehackt

1 frische Chilischote, fein gehackt

2 TL Meersalz

1 TL Koriander, gemahlen

2 TL Kreuzkümmel, gemahlen

½ TL Zimt, gemahlen

2 TL getrockneter Oregano

2 TL getrockneter Thymian

2 EL Chipotle-Paste

2 x 400 g Dosen schwarze Bohnen, abgetropft und abgespült

1 x 400 g Dose Kichererbsen, abgetropft und abgespült

2 EL Tomatenmark

2 EL Sojasoße (oder Tamari für GF)

Saft von 1 Limette

1 EL milchfreie dunkle Schokolade, gehackt

1 Handvoll gehackter Koriander, plus etwas mehr zum Anrichten

1 Handvoll Kirschtomaten, halbiert, zum Anrichten

veganer Joghurt, zum Anrichten

Für die Perlgraupen

300 g (1 ½ cups) Perlgraupen

Abrieb und Saft von 1 Limette

je 1 Prise Meersalz und Pfeffer

Einen Topf bei mittlerer Temperatur vorheizen und das Öl hinzufügen, gefolgt von der Zwiebel, dem Knoblauch, der Chili und dem Salz. Anbraten, bis alles weich ist.

Die getrockneten Gewürze und Kräuter hinzufügen und 3 bis 4 Minuten lang unter häufigem Rühren mitbraten. Als nächstes die Chipotle-Paste und die schwarzen Bohnen hinzugeben, gefolgt von 480 ml Wasser, Tomatenmark, Sojasoße und Limettensaft.

Den Topf mit einem Deckel verschließen. Das Ganze etwa 20 Minuten lang köcheln lassen, oder bis die Flüssigkeit eingedickt ist.

In der Zwischenzeit die Perlgraupen gemäß Packungsanweisung kochen. Nach dem Kochen einfach die Limettenschale, Limettensaft und Gewürze untermischen.

Kurz vor dem Servieren die Schokolade und den gehackten Koriander in den Eintopf rühren.

Den Eintopf mit einer Handvoll Kirschtomaten, ein paar Korianderblättern und einem Klecks veganen Joghurts anrichten und die Perlgraupen dazu reichen.

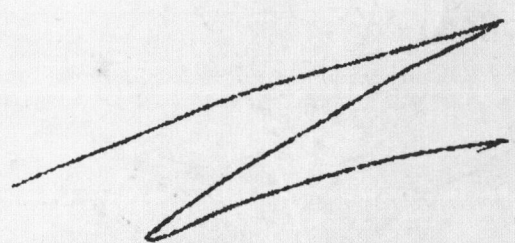

MARINIERTE JACKFRUCHT MIT REIS UND BOHNEN

FÜR **4–6 PORTIONEN**	ZEIT **45 MINUTEN**	SCHWIERIGKEIT **5/10**

3 x 400 g Dosen junge Jackfrucht in Salzlake, abgetropft

1 EL Kokosöl

3 Frühlingszwiebeln, fein geschnitten

3 Knoblauchzehen, gehackt

1 daumengroßes Stück frischer Ingwer, geschält und gehackt

½ Scotch Bonnet Chili, fein gehackt

1 gelbe Paprikaschote, gewürfelt

1 EL Piment

2 TL gemahlener Zimt

4 EL Kokosblütenzucker

200 g (1 cup) schwarze Bohnen aus der Dose, abgetropft und abgespült

3 EL Sojasoße

5 EL Tomatenmark

240 ml (1 cup) Ananassaft

Saft von 1 Limette

1 EL frische Thymianblätter, gehackt

Meersalz und schwarzer Pfeffer

Für den Reis und die Bohnen

1 x 400 g Dose Kidneybohnen, abgetropft, Flüssigkeit zurückbehalten

1 x 400 ml Dose Kokosmilch

3 EL frischer Thymian

je 1 Prise Meersalz und schwarzen Pfeffer

340 g (1 ½ cups) Langkornreis, gewaschen

Zum Anrichten

Frittierte Kochbananen (Seite 168)

Limettenspalten

Salat

Die Jackfrucht in die Mitte eines sauberen Geschirrtuchs geben. Dann die Ecken des Handtuchs aufnehmen und die Flüssigkeit über einem Waschbecken ausdrücken, indem ihr das Handtuch dreht. Durch das Entwässern erhält die Jackfrucht eine fleischige Textur.

Einen großen Bräter oder eine Pfanne bei mittlerer Hitze auf den Herd stellen. Das Kokosöl hineingeben, gefolgt von den Frühlingszwiebeln, dem Knoblauch, dem Ingwer, der Chili und der gelben Paprikaschote. Die Mischung 3 Minuten lang weich werden lassen. Erst dann den Piment und Zimt hinzufügen. 2 Minuten kochen lassen. Nun eine Prise Salz und Pfeffer hinzufügen. Die Jackfrucht in die Pfanne geben und gut umrühren. Diese Mischung für weitere 3 bis 4 Minuten kochen.

Als nächstes den Kokosnusszucker und die schwarzen Bohnen hinzugeben. Gut umrühren und dann die Sojasoße, das Tomatenmark und den Ananassaft hinzufügen. Die Hitze auf niedrige Temperatur reduzieren und den Limettensaft und den gehackten Thymian einrühren. Einen Deckel aufsetzen und die Jackfrucht etwa 12 bis 15 Minuten unter gelegentlichem Rühren kochen lassen.

Für den Reis und die Erbsen alle Zutaten in eine Pfanne geben und abdecken. Bei schwacher Hitze aufstellen und so lange garen, bis der Reis die Flüssigkeit aufgenommen hat und leicht und locker ist. Dies sollte 10 bis 12 Minuten dauern. Wenn er zu trocken wird, bevor er gar ist, einfach etwas Wasser hinzugeben. Die marinierte Jackfrucht mit Reis und Bohnen sofort nach Fertigstellung mit frittierten Kochbananen, Limettenspalten und einem Salat servieren.

FRITTIERTE
KOCHBANANEN S.168

RAMEN

〰〰〰〰〰〰〰〰〰

| FÜR 4–6 PORTIONEN | ZEIT 90 MINUTEN | SCHWIERIGKEIT 5/10 |

Für die Brühe

2 EL Pflanzenöl

1 Zwiebel, in 8 Stücke geschnitten

3 Knoblauchzehen, grob gehackt

250 g Shiitake-Pilze

4 reife Tomaten

1 daumengroßes Stück frischer Ingwer, geschält und gehackt

2 grüne Chilischoten

1.5 Liter Gemüsebrühe

1 Sternanis

1 Zimtstange

5 ganze Pfefferkörner

5 EL Sojasoße oder Tamari

2 EL Reisessig

Für den Tofu

3 EL Misopaste

1 EL Sesamöl

2 EL Ahornsirup

70 g (½ cup) gemischte Sesamkörner

1 x 280 g Stück fester Tofu, Wasser ausgedrückt

Zum Anrichten

gekochte Nudeln nach Wahl

eine Auswahl an frischem Gemüse, wie gevierteltem Baby-Pak Choi, geschnittener Karotte, Zuckerschoten, Frühlingszwiebeln, Mungobohnensprossen und Enoki-Pilzen

Zuerst die Brühe zubereiten. Dazu einen großen Topf bei schwacher Hitze auf den Herd stellen und das Öl, gefolgt von Zwiebeln, Knoblauch, Pilzen, Tomaten, Ingwer und Chili hineingeben.

Die Mischung unter häufigem Rühren 12 bis 15 Minuten anbraten. Es soll alles wunderschön golden werden, damit alle natürlichen Zucker- und Umami-Aromen freigesetzt werden. Dies ergibt eine unglaubliche Brühe.

Das Ganze mit der Gemüsebrühe ablöschen. Dann alle restlichen Zutaten für die Brühe hinzufügen und gut umrühren.

Die Brühe mindestens 30 Minuten köcheln lassen und anschließend abschmecken. Je länger die Brühe kocht, desto stärker werden die Aromen. Probiert also einfach aus, wann sie euch schmeckt. Sobald sie euch zusagt, ist die Brühe servierfertig.

Nun den Tofu vorbereiten. Dazu das Tofustück in 16 Rechtecke schneiden. Den Backofen auf 180 °C vorheizen und ein Backblech mit Backpapier auslegen.

In einer kleinen Schüssel Miso, Sesamöl und Ahornsirup mit 4 Esslöffeln Wasser verrühren. Die Mischung muss ziemlich flüssig sein. Wenn sie zu dick ist, ist es sehr schwierig, den Tofu damit zu überziehen. Daher bei Bedarf zusätzlich etwas Wasser hinzufügen. Die Sesamkörner in eine andere Schüssel geben.

Die Tofu-Rechtecke einzeln zuerst in die Miso-Mischung und dann in die Sesamkörner eintauchen. Der Tofu sollte so gut wie möglich beschichtet werden. Diesen dann auf das ausgekleidete Backblech legen. Sobald der gesamte Tofu überzogen ist, das Blech für 25 Minuten in den Ofen schieben.

Wenn der Tofu gebacken und schön goldbraun ist, aus dem Ofen nehmen. Ich schneide die Stücke gerne noch einmal schräg auf.

Nun die Ramenschalen anrichten. Dazu zuerst einige Nudeln in jede Schüssel geben, gefolgt von einer Kelle Brühe, darauf das Gemüse und den in Scheiben geschnittenen überzogenen Tofu.

Wenn ihr nicht den gesamten Sesam-Tofu verwenden möchtet, könnt ihr ihn, ohne ihn vorher zu backen, auch in einen Behälter geben, einfrieren und ein anderes Mal einsetzen.

GLASIERTE UMAMI-AUBERGINEN

Ich garantiere euch, dass dieses Gericht jeden in einen Auberginenliebhaber verwandeln wird!
Wenn ihr keine Mini-Auberginen bekommen könnt, nehmt normale und schneidet diese klein.

FÜR **4 PORTIONEN**	ZEIT **15 MINUTEN**	SCHWIERIGKEIT **3/10**

1 EL Olivenöl

8 Mini-Auberginen, längs halbiert (oder 2 normale, in Keile geschnitten)

2 Schalotten, fein gehackt

3 Knoblauchzehen, fein gehackt

je 1 Prise Meersalz und Pfeffer

1 TL getrockneter Rosmarin

3 EL Balsamico-Essig

3 EL Sojasoße oder Coconut Aminos (sojafrei)

3 EL Ahornsirup

1 EL englischer Senf

Für die Linsen

1 x 400 g Dose grüne Linsen, abgetropft

Abrieb und Saft von 1 Zitrone

1 Handvoll frische Kräuter, gehackt (ich habe Minze, Basilikum und Petersilie verwendet)

je 1 Prise Meersalz und Pfeffer

1 Handvoll schwarze Oliven

Zum Anrichten

Meerfenchel, gedünstet (optional)

Das Öl bei mittlerer Hitze in einer antihaftbeschichteten Pfanne erhitzen. Die Auberginen mit der Schnittseite nach unten in die Pfanne legen und die Schalotten, den Knoblauch sowie Salz und Pfeffer hinzufügen.

2 bis 3 Minuten kochen lassen, bis die Auberginen schön golden sind. Dann wenden. Nun Rosmarin, Essig, Sojasoße, Ahornsirup, Senf und 240 ml Wasser hinzugeben.

Die Hitze herunterdrehen und die Flüssigkeit etwa 5 Minuten lang auf eine glasurartige Konsistenz reduzieren lassen.

In der Zwischenzeit alle Zutaten für die Linsen in einem Topf miteinander vermischen und bei geringer Hitze sanft erwärmen.

Sobald die Auberginen glasiert sind, diese mit den Linsen und, falls verwendet, dem gedünsteten Meerfenchel servieren.

„SCHNITZEL" MIT KRÄUTER-KAPERN-SOSSE

FÜR **4–6 PORTIONEN**	ZEIT **45 MINUTEN**	SCHWIERIGKEIT **5/10**

1 x 480 g Stück fester Tofu, in 1 cm dicke Scheiben geschnitten

130 g (1 cup) Weizenmehl oder glutenfreies Mehl

4 EL Hähnchengewürz

125 g (1 cup) Kichererbsenmehl

100 g (2 cups) Panko-Semmelbrösel

120 ml (½ cup) Pflanzenöl, zum Braten

Meersalz

Für den Salat

1 Apfel, mit einem Gemüsehobel fein geschnitten oder gerieben

1 Karotte, mit einem Gemüsehobel fein geschnitten oder gerieben

1 kleine Fenchelknolle, mit einem Gemüsehobel fein geschnitten oder gerieben

Saft von 1 Zitrone

je 1 Prise Meersalz und Pfeffer

Für die Kräuter-Kapern-Soße

5 EL vegane Margarine

3 EL Olivenöl

1 Longor-Schalotte, fein gehackt

Saft von 1 Zitrone

4 EL Kapern

2 Rosmarinzweige, Blätter abgezupft

1 kleine Handvoll Salbeiblätter

Zuerst den Tofu panieren. Dazu das Mehl und das Hähnchengewürz in einer Schüssel mischen. In einer weiteren Schüssel das Kichererbsenmehl mit ausreichend Wasser verquirlen, um eine eiähnliche Konsistenz zu erhalten. Die Panko-Semmelbrösel in eine dritte Schüssel geben. Ein Backblech mit Backpapier auslegen.

Jede Scheibe Tofu einzeln zuerst in die trockene Mehlmischung, dann in die feuchte Kichererbsenmehl-Mischung und schließlich in die Panko-Semmelbrösel tauchen. Nach dem Panieren die Tofu-Scheiben auf das ausgekleidete Backblech legen.

Den Backofen auf 180 °C vorheizen.

Eine große antihaftbeschichtete Pfanne bei mittlerer Hitze auf den Herd stellen und das Öl hineingeben. Wenn es heiß ist, die Tofuscheiben darin von jeder Seite ca. 2 bis 3 Minuten lang braten. Sobald die „Schnitzel" schön goldbraun sind, wieder auf das Backblech legen. Wenn alle „Schnitzel" gebraten sind, das Blech in den Ofen schieben und darin 10 Minuten fertig garen.

In der Zwischenzeit den Salat zubereiten. Dazu einfach alle geschnittenen Zutaten in einer Rührschüssel miteinander vermischen und den Zitronensaft darüber geben. Mit Salz und Pfeffer würzen und beiseitestellen, bis der Rest servierfertig ist.

Kurz vor dem Anrichten die Kräuter-Kapern-Soße herstellen. Eine kleine antihaftbeschichtete Pfanne bei mittlerer Hitze auf den Herd stellen. Die Margarine und das Öl hineingeben. Wenn die Margarine geschmolzen ist, die Schalotte hinzufügen und diese etwa eine Minute lang anschwitzen. Nun die restlichen Zutaten hinzufügen und die Soße einige Minuten kochen lassen. Ein paar Tropfen Wasser hinzugeben, um die Soße etwas zu verdünnen.

Die Tofuscheiben mit etwas Meersalz bestreuen, die Soße darüber träufeln und mit reichlich Salat servieren.

Hähnchengewürz ist eine Gewürzmischung, die in Supermärkten erhältlich ist. Und auch wenn es so klingt: Es enthält kein Huhn!

JACKFRUCHT-KÜCHLEIN MIT CHILISOSSE

FÜR **4–6 PORTIONEN**	ZEIT **90 MINUTEN**	SCHWIERIGKEIT **7/10**

CAN
BE
GF

2 x 400 g Dosen junge Jackfrucht, abgetropft

5 Frühlingszwiebeln, fein gehackt

4 Knoblauchzehen, gehackt

3 EL Chipotle-Paste

1 TL Meersalz

1 TL schwarzer Pfeffer, grob gemahlen

1 Handvoll Koriander, gehackt

Saft von 1 Limette

2 EL Weizenmehl oder glutenfreies Mehl, zum Formen

100 g (2 cups) Panko-Semmelbrösel

125 g (1 cup) Kichererbsenmehl

2 TL Paprikapulver

2 TL getrockneter Thymian

Pflanzenöl zum Braten

Für die Chilisoße

3 getrocknete Ancho-Chilis

1 Zwiebel, gewürfelt

3 Knoblauchzehen, geschält

240 ml (1 cup) Gemüsebrühe

1 EL getrockneter Thymian

2 TL Zimt, gemahlen

1 TL Kreuzkümmel, gemahlen

1 EL Kokosblütenzucker oder feiner Puderzucker

1 TL Meersalz

1 x 400 g Dose schwarze Bohnen, abgetropft und abgespült

2 EL gehackte dunkle milchfreie Schokolade

Dazu passt

Gegrillte Salatherzen in Orangensoße (Seite 174)

Ein Backblech mit Backpapier auslegen. Den Backofen auf 180 °C vorheizen.

Die Jackfrucht in die Mitte eines sauberen Geschirrtuchs geben. Dann die Ecken des Handtuchs aufnehmen und die Flüssigkeit über einem Waschbecken ausdrücken, indem ihr das Handtuch dreht. Es ist wichtig, so viel Wasser wie möglich auszupressen, damit die Jackfrucht eine fleischige Textur erhält.

Die Jackfrucht nun in eine Rührschüssel geben. Dann die Frühlingszwiebeln, Knoblauch, Chipotle-Paste, Meersalz, Pfeffer, Koriander und Limette hinzufügen und alles gut mit den Händen vermischen.

Fortsetzung der Arbeitsschritte auf Seite 124...

Jackfrucht-Küchlein
Fortsetzung der Arbeitsschritte…

Die Hände mit etwas Mehl bestäuben. Etwa 3 Esslöffel der Jackfrucht-Mischung aufnehmen und daraus grobe Küchlein formen. Die Küchlein dann auf das ausgekleidete Backblech legen. Mit der restlichen Mischung wiederholen. Das Blech für 15 Minuten in den Gefrierschrank stellen.

Um die Panade vorzubereiten, die Semmelbrösel in eine Schüssel geben und das Kichererbsenmehl mit Paprikapulver und Thymian in einer weiteren Schüssel mischen. In das Kichererbsenmehl genug Wasser rühren, um eine Konsistenz wie geschlagene Eier zu erhalten.

Die Küchlein aus dem Gefrierschrank nehmen und zuerst in die Kichererbsenmehl-Mischung und dann in die Semmelbrösel tauchen. Dabei darauf achten, dass sie rundherum paniert sind. Im Zweifelsfall können sie auch zweimal paniert werden. Wenn alle Küchlein paniert sind, diese in den Kühlschrank stellen, bis sie gebraten werden (man kann sie auch bis zu 3 Monate lang einfrieren).

Für die Chilisoße eine beschichtete Pfanne bei mittlerer Hitze auf den Herd stellen. Wenn die Pfanne heiß ist, die Ancho-Chilischoten hineingeben und ein paar Minuten darin rösten. Die Chilis sind fertig, wenn sie einen wahrnehmbaren Duft verströmen. Die Chilischoten mit Zwiebel, Knoblauch, Gemüsebrühe, Thymian, Gewürzen, Zucker und Salz in einen Mixer geben. Pürieren, bis die Soße ganz glatt ist.

Die Soße durch ein feines Sieb in einen kleinen Topf geben und die schwarzen Bohnen und die Schokolade hinzufügen. Den Topf bei niedriger Hitze auf den Herd stellen und die Soße 20 Minuten köcheln lassen. Während des Kochens die schwarzen Bohnen mit einem Kartoffelstampfer leicht zerdrücken. Abschmecken und eventuell nachwürzen.

Die Jackfrucht-Küchlein aus dem Kühlschrank nehmen. Während die Soße kocht, eine beschichtete Pfanne bei mittlerer Hitze auf den Herd stellen und etwas Öl hineingeben. Wenn das Öl heiß ist, darin die Küchlein von jeder Seite 2 bis 3 Minuten lang braten. Dies sollte in mehreren Durchgängen geschehen. Sobald sie golden sind, wieder auf das Backblech legen. Das Blech in den Ofen schieben und 15 Minuten lang backen, damit die Jackfrucht komplett durchgart.

Zum Servieren eine großzügige Menge der Chilisoße auf jeden Teller geben und mit ein paar Jackfrucht-Küchlein belegen. Ich reiche dazu gerne gegrillte Salatherzen in Orangensoße.

EINFACHER SPANISCHER ONE-POT EINTOPF

FÜR **4 PORTIONEN**	ZEIT **45 MINUTEN**	SCHWIERIGKEIT **5/10**

Pflanzenöl, zum Braten

2 rote Zwiebeln, grob gehackt

3 Knoblauchzehen, gehackt

2 Selleriestangen, grob gehackt

1 rote Paprikaschote, gewürfelt

4 EL süßes geräuchertes Paprikapulver

1 TL Cayennepfeffer

2 mehligkochende Kartoffeln, gewürfelt

½ Kopf Blumenkohl, in Röschen geschnitten

1 Zitrone

1 Lorbeerblatt

300 g (1 ½ cups) rote Linsen, abgespült

2 x 400 g Dosen gehackte Tomaten

240 ml (1 cup) Gemüsebrühe

1 TL Meersalz

1 TL schwarzer Pfeffer, grob gemahlen

Zum Anrichten

vegane saure Sahne

frisch gehackte Petersilie

Einen großen Topf bei schwacher Hitze auf den Herd stellen und einen Hauch Öl (oder Wasser) hineingeben. Wenn das Öl heiß ist, Zwiebeln, Knoblauch, Sellerie, rote Paprikaschote, Paprikapulver und Cayennepfeffer hinzufügen. Die Mischung einige Minuten anbraten. Ich gebe die Gewürze gerne extra so früh in das Gericht, damit sie in der Pfanne gut rösten können.

Die Kartoffeln und den Blumenkohl hinzufügen und den Topf mit einem Deckel verschließen. Alles gut 10 Minuten kochen lassen. Dabei ab und zu umrühren, um sicherzustellen, dass nichts anbrennt. Durch das Abdecken mit dem Deckel entsteht ein herrlicher Dampf, durch den alles perfekt gegart wird.

Wenn die Kartoffel weich ist, die Zitrone in zwei Hälften schneiden, den Saft in den Topf pressen und dann einfach die Zitronenhälften hineinwerfen. Keine Sorge, die sollt ihr nachher nicht essen, aber während der Eintopf kocht, setzen sie einen wunderbaren Geschmack frei – und vor dem Servieren entfernt ihr sie einfach. Nun das Lorbeerblatt, die Linsen, die gehackten Tomaten und die Brühe hinzufügen und alles gut verrühren.

Mit etwas Salz und Pfeffer würzen. Den Deckel wieder aufsetzen und den Eintopf 20 bis 25 Minuten kochen lassen. Dabei alle paar Minuten umrühren.

Sobald die Suppe eingedickt ist und gut riecht, kann der Eintopf serviert werden. Ich richte ihn gerne mit etwas veganem Sauerrahm und frisch gehackter Petersilie an.

KNUSPRIGE SÜDSTAATEN-PILZE

| FÜR **4 PORTIONEN** | ZEIT **60 MINUTEN** | SCHWIERIGKEIT **5/10** |

240 ml (1 cup) Sojamilch

250 g Austernpilze

1 Liter Pflanzenöl, zum Frittieren

Meersalz, zum Bestreuen

Für die Kentucky-Panade

130 g (1 cup) Weizenmehl oder glutenfreies Mehl

50 g (1 cup) Panko-Semmelbrösel

1 TL Meersalz

2 TL schwarzer Pfeffer, grob gemahlen

2 TL Cayennepfeffer

1 TL getrockneter Oregano

2 TL geräuchertes Paprikapulver

2 TL Knoblauchgranulat

1 TL getrockneter Salbei

1 TL getrockneter Thymian

1 TL gemahlener Piment

Dazu passt

1 Handvoll frischer Schnittlauch, fein gehackt

Cremiges Kartoffelpüree (Seite 170)

Bratensoße (Seite 180)

Gebratene Maiskolben (Seite 183)

Die Sojamilch in eine kleine Schüssel geben. Alle Zutaten für die Kentucky-Panade in eine separate große Schüssel geben und gut mischen. Jeden Pilz zuerst in die Milch und dann in die Kentucky-Panade tauchen. Ich wiederhole dies zweimal, damit die Pilze wirklich gut paniert sind.

Die panierten Pilze auf einen Teller legen und diesen für 15 Minuten in den Gefrierschrank stellen, damit sich die Pilze vor dem Braten etwas verfestigen.

Einen großen Topf zur Hälfte mit Pflanzenöl füllen und bei mittlerer Hitze auf den Herd stellen. Dabei darauf achten, dass das Öl maximal bis zur Hälfte der Pfanne reicht. Alternativ könnt ihr eine Fritteuse verwenden, die auf etwa 180 °C eingestellt ist. Wenn ihr einen Topf verwendet, überprüfen, ob das Öl heiß genug ist. Dazu einen Holzlöffel in das Öl tauchen. Wenn sich Blasen um das Holz bilden, ist das Öl fertig.

Die Pilze aus dem Gefrierschrank nehmen und einige vorsichtig in das Öl geben. Jede Charge ca. 4 bis 5 Minuten frittieren. Nicht zu viele auf einmal frittieren, da sonst die Pfanne überfüllt ist, die Temperatur sinkt und sich der Ölstand erhöht.

Sobald die Pilze golden und knusprig sind, sie mit einem Wok-Abseihlöffel oder einer Siebkelle aus dem Öl nehmen und auf einen mit Küchenpapier ausgelegten Teller legen. Mit einem Hauch Meersalz würzen, damit sie knusprig bleiben. Die Pilze mit Kartoffelpüree, Bratensoße, gebratenen Maiskolben und einer Prise frischem Schnittlauch servieren.

Wenn ihr kein Öl verwenden möchtet, legt die Pilze auf ein mit Backpapier ausgelegtes Backblech und backt sie 25 Minuten lang bei 180 °C im Ofen, anstatt sie zu frittieren.

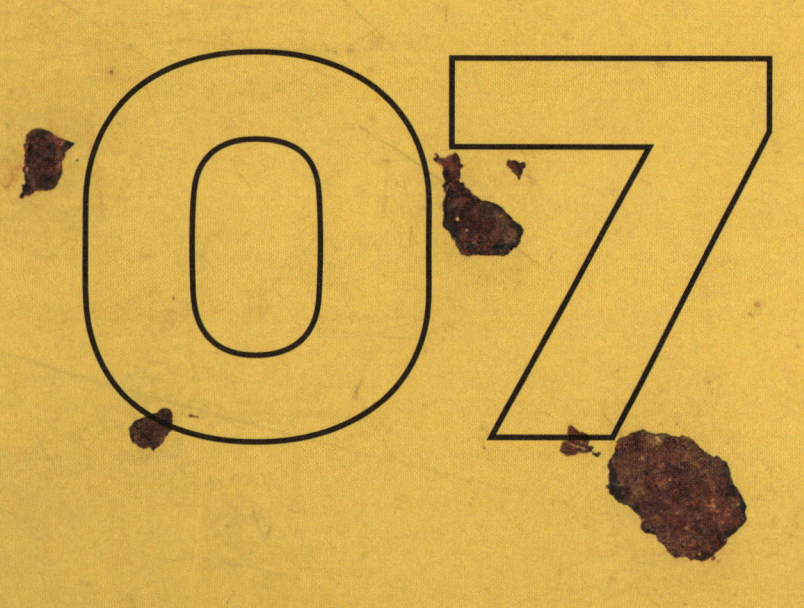

OFEN-GERICHTE

Ofengerichte

KARTOFFEL-CHILI-AUFLAUF NACH ART MEINES VATERS

Der vegane Auflauf meines Vaters erinnert mich wirklich an mein Zuhause und meine Familie – deswegen musste ich ihn einfach in das Buch aufnehmen. Es ist ein proteinreiches Gericht, das auch sehr gut vorbereitet werden kann.

FÜR **4 PORTIONEN**	ZEIT **90 MINUTEN**	SCHWIERIGKEIT **5/10**

1 EL Olivenöl

1 rote Zwiebel, fein gehackt

4 Knoblauchzehen, gehackt

2 Karotten, fein gehackt

1 grüne Chilischote, fein gehackt

2 TL Kreuzkümmel, gemahlen

1 TL Zimt, gemahlen

1 TL Paprikapulver

2 TL Oregano

2 TL Meersalz

1 TL schwarzer Pfeffer, grob gemahlen

2 EL Tomatenmark

1 x 400 g Dose gehackte Tomaten

240 ml (1 cup) Gemüsebrühe

1 x 400 g Dose Cannellini-Bohnen, abgetropft und abgespült

1 x 400 g Dose rote Kidneybohnen, abgetropft und abgespült

1 mittelgroße mehligkochende Kartoffeln, in sehr dünne Scheiben geschnitten

1 Zucchini, dünn geschnitten

3 Tomaten, dünn geschnitten

Dazu passt

gedünstetes grünes Gemüse

Einen großen ofenfesten Schmortopf oder eine Auflaufform bei mittlerer Hitze auf den Herd stellen und das Öl hineingeben. Wenn das Öl heiß ist, die Zwiebel, den Knoblauch, die Karotte und die Chili hinzufügen. Diese Mischung für 3 bis 4 Minuten anschwitzen. Kreuzkümmel, Zimt, Paprika, Oregano und Gewürze dazugeben und ein paar Minuten garen lassen.

Das Tomatenmark, die gehackten Tomaten und die Gemüsebrühe hinzufügen, dann die Flüssigkeit zum Kochen bringen. Nun die Bohnen dazugeben und alles gut verrühren.

Das Chili 20 Minuten lang sprudelnd kochen lassen. In der Zwischenzeit den Backofen auf 180 °C vorheizen.

Nach 20 Minuten Garzeit das Chili ausschalten.

Die Kartoffel-, Zucchini- und Tomatenscheiben vorsichtig abwechselnd und überlappend auf das Chili legen. Wenn die gesamte Oberseite des Chilis bedeckt ist, den Topf mit einem Deckel verschließen oder mit Alufolie abdecken.

Den Auflauf für 45 Minuten in den Ofen geben. Nach 30 Minuten den Deckel oder die Alufolie herunternehmen.

Nach insgesamt 45 Minuten im Ofen den Auflauf herausnehmen. Er sollte goldfarben und die Kartoffelscheiben oben etwas knusprig sein. Mit etwas gedünstetem grünen Gemüse servieren.

TOAD IN THE HOLE MIT ROTER ZWIEBELSOSSE

FÜR **4 PORTIONEN**	ZEIT **60 MINUTEN**	SCHWIERIGKEIT **3/10**

8 vegane Würstchen

2 EL Pflanzenöl

260 g (2 cups) Mehl

1 ½ TL Backpulver

1 TL Meersalz

480 ml (2 cups) Sojamilch

Für die Soße

1 EL Olivenöl

2 rote Zwiebeln, in Scheiben geschnitten

2 Knoblauchzehen, gehackt

10 Champignons, halbiert

1 frischer Thymianzweig

1 frischer Rosmarinzweig

1 TL Meersalz

1 TL schwarzer Pfeffer

2 EL Mehl

240 ml (1 cup) veganer Rotwein

240 ml (1 cup) Gemüsebrühe

1 EL Misopaste

2 EL Balsamico-Essig

1 EL brauner Zucker

Dazu passt

gedünstetes grünes Gemüse

Den Backofen auf 210 °C vorheizen.

Die Würstchen in eine große, 5 cm tiefe antihaftbeschichtete Backform legen und mit dem Öl beträufeln. 15 Minuten im Ofen backen. In der Zwischenzeit den Teig zubereiten. Mehl, Backpulver und Meersalz in eine Schüssel geben und gut mischen. Dann genug Sojamilch einrühren, um eine Pfannkuchenteig-Konsistenz zu erhalten.

Die Würstchen aus dem Ofen nehmen und den Teig vorsichtig in die Form gießen. Die Form auf die unterste Schiene im Ofen schieben und 30 Minuten backen.

Für die Zubereitung der Soße einen großen Topf bei mittlerer Hitze auf den Herd stellen und das Öl hineingeben. Wenn das Öl heiß ist, Zwiebeln, Knoblauch, Pilze, Thymian, Rosmarin und Gewürze hinzufügen. 4 bis 5 Minuten anbraten, damit die Pilze schön golden werden.

Das Mehl einrühren und noch einige Minuten kochen lassen.

Das Ganze mit dem Wein ablöschen und mit einem Holzlöffel all die guten Aromen vom Boden des Topfs abkratzen.

Brühe, Miso, Essig und Zucker hinzufügen. Die Soße unter häufigem Rühren 15 bis 20 Minuten köcheln lassen.

Sobald der Teig des Toad in the hole aufgegangen und golden und knusprig ist, die Form aus dem Ofen nehmen.

In Stücke schneiden und mit viel Soße und etwas gedünstetem Gemüse servieren.

EINFACHE PILZPASTETE

FÜR **4 PORTIONEN**	ZEIT **90 MINUTEN**	SCHWIERIGKEIT **7/10**

1 rote Zwiebel, grob gehackt

2 Selleriestangen, grob gehackt

3 Knoblauchzehen

2 EL Olivenöl

6 große flache Pilze wie
Portobello, geputzt

6 sonnengetrocknete Tomaten

2 frische Thymianzweige

2 frische Rosmarinzweige

2 TL Meersalz

2 TL schwarzer Pfeffer, grob
gemahlen

2 EL Tomatenmark

2 EL Weizenmehl oder glutenfreies
Mehl

120 ml (½ cup) veganer Rotwein

2 EL Sojasoße oder Tamari

120 ml (½ cup) Gemüsebrühe

2 EL Cranberry-Soße

3 EL Mehl

1 Packung fertiger Blätterteig

Für die Glasur

3 EL Ahornsirup oder Agavennektar

3 EL Sojamilch

3 EL Olivenöl

Dazu passt

Bratensoße (Seite 180)

gedünstetes grünes Gemüse

Zwiebel, Sellerie und Knoblauch in einen Multizerkleinerer geben und fein hacken. Einen großen Topf bei mittlerer Hitze auf den Herd stellen und das Olivenöl hineingeben. Wenn das Öl heiß ist, die gehackte Zwiebelmischung hinzufügen. 3 bis 4 Minuten, oder bis alles goldbraun ist, anbraten.

Die Pilze mit der Oberseite nach unten in die Pfanne legen, bis sie gut gefärbt sind. Dann wenden. Sobald sie goldbraun und leicht eingefallen sind, die sonnengetrockneten Tomaten, Kräuter und Gewürze hinzugeben. Alles noch ein paar Minuten anbraten. Zu diesem Zeitpunkt ist es sehr wichtig, dass alles eine schöne Farbe bekommt, aber achtet darauf, dass nichts anbrennt!

Tomatenmark und Mehl einrühren und einige Minuten kochen lassen, bevor das Ganze mit dem Rotwein abgelöscht wird. Den Wein zum Kochen bringen und dann die Sojasoße oder Tamari, Gemüsebrühe und Cranberry-Soße hinzufügen. Die Hitze auf niedrig reduzieren und alles 15 bis 20 Minuten köcheln lassen. Dabei ab und zu umrühren.

Nach 20 Minuten sollte die Soße dickflüssig und cremig sein. Wenn sie noch zu flüssig ist, etwas länger köcheln lassen. Sobald sie schön dick ist, vom Herd nehmen und auf Raumtemperatur abkühlen lassen (oder bis zum Servieren in den Kühlschrank stellen).

Den Backofen etwa 90 Minuten vor dem Servieren auf 180 °C vorheizen und ein Backblech mit Backpapier auslegen. Die Zutaten für die Glasur in einer Schüssel mischen und einen Teiglöffel parat legen. Die Arbeitsfläche leicht mit Mehl bestäuben und den Blätterteig in ein Rechteck von ca. 30 x 42 cm ausrollen.

Die Pilzfüllung im mittleren Drittel des Teig-Rechtecks mit einem Löffel ausbreiten, wobei an den Rändern mindestens 5 cm Rand verbleiben müssen. Dabei sicherstellen, dass die Pilze gleichmäßig verteilt sind. Die Glasur auf den Teigrand streichen und den Teig ordentlich zusammenfalten – also ein Drittel über die Füllung falten, dann das andere Drittel darüber und die Pilzfüllung so im Teig einschließen. Alle Ecken zusammenkneifen, um den Teig abzudichten. Die Pastete vorsichtig umdrehen und so auf das ausgekleidete Backblech legen, dass alle Nahtstellen auf der Unterseite liegen.

Den Teig leicht mit der Spitze eines scharfen Messers einritzen oder mit einer Gabel einstechen, um beim Backen Luft herauszulassen. Die gesamte Pastete großzügig mit der Glasur bestreichen und für 35 Minuten im Ofen auf der unteren Schiene backen.

Sobald die Pastete schön knusprig und goldfarben ist, aus dem Ofen nehmen und servieren. Ich schneide die Pastete gerne am Tisch auf. Mit Bratensoße und gedünstetem Gemüse servieren.

AUBERGINEN MIT PARMESANKRUSTE

FÜR **6 PORTIONEN** | ZEIT **120 MINUTEN** | SCHWIERIGKEIT **7/10**

3 – 4 große Auberginen

250 g (2 cups) Kichererbsenmehl

270 g (2 cups) Weizenmehl oder glutenfreies Mehl

220 g (2 cups) Semmelbrösel, ich habe Panko verwendet

750 ml (3 cups) Pflanzenöl, zum Frittieren

Meersalz, zum Bestreuen

1 Portion Béchamelsoße (Seite 66)

frische Basilikumblätter

geriebener veganer Käse oder veganer Parmesan

Für die Tomatensoße

2 EL Olivenöl

2 Zwiebeln, fein gehackt

6 Knoblauchzehen, gehackt

1 TL Meersalz

1 TL schwarzer Pfeffer, grob gemahlen

2 x 400 g Dosen gehackte Tomaten

1 TL feiner Zucker

2 EL Weißweinessig

Dazu passt

gedünstetes Gemüse oder Salat

Zuerst die Auberginen vorbereiten. Dazu die Stiele abschneiden und dann jede Aubergine jeweils in Längsrichtung in 1 cm dicke Scheiben schneiden. Aus jeder Aubergine sollten 6 bis 8 Scheiben geschnitten werden.

Nun die Auberginen panieren. Das Kichererbsenmehl in eine Schüssel geben und mit ausreichend Wasser verquirlen, um eine Konsistenz wie geschlagenes Ei zu erzielen. Das Mehl in eine weitere Schüssel und die Semmelbrösel in eine andere geben. Eine Auberginenscheibe zunächst in das trockene Mehl, dann in die feuchte Kichererbsenmehl-Mischung und schließlich in die Semmelbrösel tauchen. Diesen Vorgang wiederholen, bis alle Scheiben paniert sind. Nun werden die Auberginen frittiert. Dazu das Pflanzenöl in eine tiefe Pfanne geben und bei mittlerer Hitze auf den Herd stellen. Zum Test einen Holzlöffel in das Öl tauchen. Wenn sich um den Löffel herum Blasen bilden, ist das Öl heiß genug.

3 Scheiben gleichzeitig 2 Minuten von jeder Seite frittieren. Dabei mit einem Wok-Abseihlöffel wenden und nach dem Frittieren vorsichtig herausnehmen und auf einen Teller mit Küchenpapier legen, um überschüssiges Öl aufzusaugen. Alle Scheiben auf diese Art frittieren und danach mit Meersalz bestreuen, damit sie knusprig bleiben, während die Tomatensoße zubereitet wird.

Eine große Pfanne bei schwacher Hitze aufstellen und das Olivenöl hineingeben, gefolgt von den Zwiebeln und dem Knoblauch. Salz und Pfeffer dazugeben und ca. 4 Minuten anbraten. Die gehackten Tomaten, den Zucker und den Essig hinzu- fügen und gut umrühren. Abdecken und die Soße 12 Minuten lang kochen lassen. In der Zwischenzeit die Béchamelsoße zubereiten. Den Backofen auf 180 °C vorheizen.

Sobald die Tomatensoße und die Béchamelsoße fertig sind, werden die Auberginen mit Parmesankruste geschichtet. Dazu eine große Auflaufform bereitstellen und etwas Tomatensoße auf den Boden der Form schöpfen. Nun eine Schicht Auberginen darauf geben, dann eine Schicht frisches Basilikum, gefolgt von der Béchamelsoße und einer Prise veganem Käse. Die Schichtung wiederholen, bis die Form bis zum Rand gefüllt ist. Dabei darauf achten, dass die letzten Schichten Béchamelsoße und Käse sind.

Auf der mittleren Schiene des Ofens 35 Minuten backen. Der Auflauf sollte nach dem Backen oben schön goldfarben sein. Aus dem Ofen nehmen und mindestens 10 Minuten ruhen lassen. Dann mit viel Gemüse oder einem großen Salat servieren.

Wer kein Öl verwenden möchte, kann die panierten Auberginenscheiben auf ein mit Backpapier ausgelegtes Backblech geben und 20 Minuten lang im Ofen backen.

BBQ „HACK"BRATEN

FÜR 6 PORTIONEN	ZEIT 90 MINUTEN	SCHWIERIGKEIT 5/10

150 g (1 ½ cups) Süßkartoffeln, gewürfelt

250 g Portobello-Pilze

2 EL Olivenöl

1 Zwiebel, fein gehackt

3 Knoblauchzehen. gehackt

1 rote Paprikaschote, gewürfelt

2 TL getrockneter Salbei

2 TL getrockneter Rosmarin

2 TL getrockneter Thymian

1 TL Cayennepfeffer

125 g (1 cup) Walnüsse, fein gehackt

50 g (1 cup) Panko-Semmelbrösel

1 x 400 g Dose Kichererbsen, abgetropft

Abrieb von 1 Zitrone

Meersalz und schwarzer Pfeffer

Für die BBQ-Glasur

230 g (1 cup) Tomatenketchup

3 TL englischer Senf

5 EL Balsamico-Essig

1 TL geräuchertes Paprikapulver

1 EL Sojasoße oder Tamari

3 EL Kokosblütenzucker

1 EL Kreuzkümmel

1 TL Knoblauchpulver

½ TL Piment

Zum Anrichten

1 Handvoll frischer Salbei, kurz gebraten

frische Kirschtomaten, halbiert

Den Backofen auf 180 °C vorheizen. Eine mittelgroße Kastenform mit Backpapier auslegen.

Die Süßkartoffeln dämpfen, bis das Fruchtfleisch weich ist. Die Pilze in einen Multizerkleinerer geben und darin fein hacken.

Einen großen antihaftbeschichteten Topf bei mittlerer Hitze auf den Herd stellen. Das Öl hineingeben und, sobald es heiß ist, die Pilze hinzufügen. Etwa 5 Minuten lang anbraten, sodass sie etwas Wasser verlieren und schön goldfarben werden.

Als nächstes die Zwiebel, den Knoblauch und die rote Paprika sowie die Kräuter, Gewürze und jeweils eine Prise Meersalz und schwarzen Pfeffer in den Topf geben. Die Mischung unter häufigem Rühren weitere 5 Minuten anbraten.

Wenn alles schön gebräunt ist, die Süßkartoffel hinzufügen. Die Mischung noch einige Minuten weiter braten und dann die Semmelbrösel, die gehackten Walnüsse, die Kichererbsen und die Zitronenschale hinzufügen. Gut verrühren, damit sich alle Zutaten vermischen. Den Herd ausstellen und die Mischung mit einem Kartoffel-stampfer leicht zerdrücken, wobei alle großen Stücke der Süßkartoffel und Kichererbsen zerkleinert werden sollten. Nun die Mischung in die ausgekleidete Kastenform geben und diese so gut wie möglich hineinpressen, um sie zu verdichten. Die Form auf der unteren Schiene in den Ofen schieben und 40 Minuten lang backen.

In der Zwischenzeit die BBQ-Glasur herstellen. Alle Zutaten und jeweils eine Prise Salz und Pfeffer in einen kleinen Topf geben und gut mischen. Bei schwacher Hitze etwa 10 Minuten lang kochen lassen. Hin und wieder umrühren. Sobald die Glasur eingedickt ist, den Herd ausschalten und beiseitestellen, bis der „Hack"braten gar ist.

Wenn der „Hack"braten 40 Minuten lang im Ofen war, herausnehmen und ca. 10 Minuten ruhen lassen. Dann ein flaches Backblech darauf legen. Das Blech mit einer Hand und die Kastenform mit der anderen Hand festhalten und vorsichtig umdrehen, sodass der „Hack"braten herauskommt. Nun die Kastenform abheben und das Backpapier abziehen.

Großzügig BBQ-Glasur über den „Hack"braten gießen und das Blech noch einmal 10 Minuten in den Ofen stellen, damit die Glasur über dem Braten karamellisiert. Sofort, mit Kirschtomaten und sautierten Salbeiblättern belegt, servieren.

Wer eine Nussallergie hat. kann anstelle der Walnüsse Kürbiskerne verwenden.

KÜRBIS MIT KÄSEFÜLLUNG

| FÜR **4 PORTIONEN** | ZEIT **90 MINUTEN** | SCHWIERIGKEIT **5/10** |

1 Butternusskürbis, längs halbiert, Samen entfernt

2 EL Pflanzenöl

1 Lauch, fein gehackt

2 Knoblauchzehen, gehackt

2 EL frischer Salbei, fein gehackt

Für die Käsesoße

750 ml (3 cups) Sojamilch oder Cashewmilch

½ Zwiebel

1 Lorbeerblatt

1 Prise Muskatnuss

je 1 Prise Meersalz und Pfeffer

60 g (¼ cup) vegane Margarine

30 g (¼ cup) Weizenmehl oder glutenfreies Mehl

50 g (½ cup) veganer Käse, gerieben (optional)

1 EL Nährhefe (optional)

Zum Anrichten

mit getrockneten Chiliflocken bestreuen

Den Backofen auf 180 °C vorheizen.

Den Kürbis auf ein Backblech legen und im Ofen backen, bis er weich ist. Dies sollte ungefähr 40 Minuten dauern. Den Kürbis aus dem Ofen nehmen, aber den Ofen nicht ausschalten.

Das Kürbisfleisch herauslöffeln, dabei an den Rändern etwa 1 cm Fleisch übriglassen. Das Fleisch beiseitelegen. Die ausgehöhlten Kürbishälften wieder auf das Backblech setzen.

Für die Zubereitung der Soße die Milch mit der Zwiebel, dem Lorbeerblatt, der Muskatnuss und den Gewürzen in einen Topf geben und diesen bei niedriger Hitze auf den Herd stellen.

Das Öl in eine mittelgroße antihaftbeschichtete Pfanne geben und bei mittlerer Hitze auf den Herd setzen. Lauch, Knoblauch und Salbei 3 bis 4 Minuten darin anbraten. Dann vom Herd nehmen.

In einem weiteren Topf die Margarine für die Soße bei geringer Temperatur erhitzen.

Wenn die Margarine geschmolzen ist, das Mehl hinzufügen und gut einrühren. Die Mischung unter ständigem Rühren einige Minuten lang erhitzen, um das Mehl auszukochen. Es sollte eine pastöse Konsistenz bekommen.

Nach und nach die aromatisierte Milch unterrühren. Sobald die gesamte Milch hinzugefügt wurde, sollte die Soße cremig sein. Wer sie noch käsiger haben möchte, fügt den veganen Käse und die Nährhefe hinzu.

Die Lauchmischung und ein wenig des zurückbehaltenen Kürbisfleischs, oder das gesamte Kürbisfleisch, unter die Käsesoße heben und die Mischung in die ausgehöhlten Kürbishälften geben. Den gefüllten Kürbis 20 Minuten lang, oder bis er schön golden ist, backen.

Mit einer Prise Chiliflocken bestreut servieren.

08

Burger

BURGER

BBQ-BOHNENBURGER

| FÜR **4 PORTIONEN** | ZEIT **45 MINUTEN** | SCHWIERIGKEIT **5/10** |

5 Frühlingszwiebeln, grob gehackt

1 rote Paprikaschote, grob gehackt

8 Shiitake-Pilze, grob gehackt

Olivenöl zum Braten

1 x 400 g Dose Kichererbsen abgetropft und abgespült

1 x 400 g Dose schwarze Bohnen, abgetropft und abgespült

3 EL geschälte Hanfsamen (optional)

1 Handvoll frischer Koriander, gehackt

3 EL BBQ-Soße

Abrieb und Saft von 1 Limette

2 TL Meersalz

2 TL schwarzer Pfeffer

5 EL Buchweizenmehl, plus etwas mehr zum Formen der Patties

Zum Anrichten

4 geröstete Burgerbrötchen

Salat

Frittierte Kochbananen (Seite 168)

Kresse

Tomaten

BBQ-Soße

knusprig gebratene Zwiebeln

Den Backofen auf 180 °C vorheizen und ein Backblech mit Backpapier auslegen.

Die Frühlingszwiebeln, die rote Paprikaschote und die Pilze in einen Multizerkleinerer geben und fein hacken oder alternativ einfach alles von Hand fein hacken.

Eine große antihaftbeschichtete Pfanne bei schwacher Hitze erwärmen, etwas Öl hineingeben. Wenn das Öl heiß ist, die gehackte Gemüsemischung hinzufügen. Alles 2 bis 3 Minuten anbraten, oder bis das Gemüse weich ist.

In der Zwischenzeit die abgetropften Kichererbsen und schwarzen Bohnen in eine Rührschüssel geben und mit Küchenpapier so gut wie möglich trocken tupfen. Die Kichererbsen und Bohnen mit der sautierten Gemüsemischung sowie den Hanfsamen, dem Koriander, der BBQ-Soße, der Limettenschale und dem -saft sowie den Gewürzen in den Standmixer geben.

WICHTIG! Den Mixer nicht mehr als dreimal pulsieren lassen. Wenn man die Mischung zu fein hackt, wird sie zu einem Püree, was matschige Burger ergibt.

Wenn sie zerkleinert ist, die Mischung in eine Rührschüssel geben und das Mehl hinzufügen. Dies mit den Händen leicht zusammenkneten. Auch dabei nicht zu viel mischen, weil der Burger sonst matschig wird, daher nur vorsichtig mischen. Etwas mehr Mehl hinzufügen, wenn sich die Mischung zu nass anfühlt. Wenn nicht, die Mischung zu Patties formen. Es sollten ungefähr 4 Patties entstehen. Zwischen dem Formen der einzelnen Patties die Hände leicht mehlen.

Sobald die Patties geformt sind, diese auf das ausgekleidete Backblech legen. Ihr könnt sie sofort backen, wenn ihr möchtet, aber ich ziehe es vor, sie zuerst in der Pfanne zu bräunen. Dazu einen Hauch Öl in eine beschichtete Pfanne geben und diese bei mittlerer Hitze auf den Herd stellen. Darin die Patties von jeder Seite 2 bis 3 Minuten lang braten. Sobald die Patties schön gefärbt sind, wieder auf das Blech geben und dann 15 Minuten lang im Ofen backen.

Die Beilagen vorbereiten, während die Burger im Ofen sind.

Die Burger in einem gerösteten Brötchen mit Salat, frittierten Kochbananen, Kresse, Tomaten, etwas zusätzlicher BBQ-Soße und knusprig gebratenen Zwiebeln anrichten.

TOFUBURGER VIETNAMESISCHER ART

FÜR **4 PORTIONEN**	ZEIT **45 MINUTEN**	SCHWIERIGKEIT **5/10**

Für die Burger

1 x 280 g Stück extra fester Tofu

1 Longor-Schalotte, fein gehackt

1 kleine rote Chilischote, fein gehackt

1 Handvoll Koriander, gehackt

1 EL Thai-Basilikum, gehackt, plus mehr zum Anrichten

1 EL frische Minze, gehackt

5 EL Buchweizenmehl

1 EL Zitronengraspaste

1 EL Sesam

1 EL Tomatenmark

3 EL Sriracha-Soße

Olivenöl zum Braten

Zum Anrichten

4 geröstete Burgerbrötchen

1 Karotte, in Streifen gehobelt

1 Handvoll Brunnenkresse

2 Frühlingszwiebeln, fein gehackt

¼ Gurke, in Streifen gehobelt

4 EL vegane Mayonnaise

4 EL Sriracha-Soße

etwas Sesam zum Bestreuen

Den Backofen auf 180 °C vorheizen und ein Backblech mit Backpapier auslegen.

Zuerst die Burger zubereiten. Den Tofu in eine große Rührschüssel geben und mit einem Kartoffelstampfer zerdrücken, bis er in kleine Stücke zerbrochen ist. Alternativ könnt ihr ihn auch mit den Händen in kleine Stücke zerbrechen.

Den Rest der Burger-Zutaten in die Schüssel geben und mischen, bis alles gut miteinander verbunden ist. Dabei nicht zu sehr zerdrücken, da die Mischung sonst eher zu einem Püree wird, was zu einem matschigen Burger führt.

Nun aus der Mischung Burger-Patties formen. Dazu bei jedem Pattie die Hände etwas mehlen, damit die Mischung nicht an ihnen haftet. Es sollten 4 große Patties geformt werden. Die Patties auf das ausgekleidete Backblech legen.

Ich bevorzuge es, wenn die Burger vor dem Backen außen schön golden sind. Also etwas Öl in eine beschichtete Pfanne geben und diese bei mittlerer Hitze auf den Herd setzen. Wenn das Öl heiß ist, die Patties von jeder Seite etwa 3 Minuten lang anbraten, oder bis sie goldbraun sind. Nach dem Braten die Patties wieder auf das Blech geben und dann 15 Minuten lang im Ofen backen.

In der Zwischenzeit das Dressing (siehe Hinweis unten) mischen und die Beilagen vorbereiten.

Sobald die Patties gebacken sind, diese aus dem Ofen nehmen und die Burger bauen. Sie sollten in einem gerösteten Brötchen serviert werden, mit viel Dressing und den Beilagen: Karotte, Brunnenkresse, Frühlingszwiebeln, Sesam, Gurke, vegane Mayonnaise und Sriracha.

Mit diesem scharfen und spritzigen Dressing peppt ihr eure Burger richtig auf: 2 EL Sojasoße mit dem Saft und Abrieb von 1 Limette, 2 TL Sriracha, 1 EL braunem Zucker und 1 gehackten Knoblauchzehe mischen.

BHAJI-BURGER

FÜR **4 PORTIONEN**	ZEIT **25 MINUTEN**	SCHWIERIGKEIT **5/10**

 15 MIN   GF

1 große weiße Zwiebel, fein gehackt

1 Pastinake, gerieben

1 TL Kurkuma

2 grüne Chilischoten, fein gehackt

1 Handvoll frischer Koriander, grob gehackt

3 – 4 EL Kichererbsenmehl

2 TL Meersalz, plus etwas zum Bestreuen

Pflanzenöl zum Braten

Für den Minz-Joghurt-Dip

250 g (1 cup) veganer Joghurt

3 TL Currypulver

1 Handvoll frische Minze, gehackt

1 Handvoll frischer Korianderstängel, gehackt

1 Prise Meersalz

Für den Salat

1 Salatherzen, zerkleinert

1 Handvoll frische Korianderblätter

1 kleine Handvoll frische Minze

schwarze Zwiebelsamen, zum Bestreuen

Saft von 1 Zitrone

Zum Anrichten

4 geröstete Burgerbrötchen

Mango-Chutney

Limetten-Pickle

Für die Bhaji-Mischung Zwiebel, Pastinake, Kurkuma, Chilischoten, Koriander, Kichererbsenmehl und Salz mit 3 bis 4 Esslöffeln Wasser in eine Rührschüssel geben und mit den Händen gut mischen. Wenn die Mischung klebrig ist und gut zusammenhält, ist sie fertig.

Einen Topf zur Hälfte mit Öl füllen und bei mittlerer Hitze auf den Herd stellen. Alternativ könnt ihr eine Fritteuse verwenden, die auf etwa 180 °C eingestellt ist. Wenn ihr einen Topf verwendet, überprüfen, ob das Öl heiß genug ist. Dazu einen Holzlöffel in das Öl tauchen. Wenn sich Blasen um das Holz bilden, ist das Öl fertig.

Ungefähr 2 Esslöffel der Bhaji-Mischung zu einem Pattie formen. Dies vorsichtig in das Öl geben und etwa 2 bis 3 Minuten lang frittieren. Ihr solltet ungefähr 8 Bhajis aus dieser Mischung erhalten. 3 oder 4 der Bhajis können gleichzeitig frittiert werden, mehr aber nicht. Sonst ist die Pfanne überfüllt, die Temperatur des Öls sinkt und das Öl schwappt zu hoch.

Sobald die Bhajis golden und knusprig sind, diese mit einem Wok-Abseihlöffel oder einer Siebkelle aus dem Öl nehmen und auf einen mit Küchenpapier ausgelegten Teller legen. Mit einem Hauch Meersalz würzen, damit sie knusprig bleiben.

Während die Bhajis frittieren, die Dip-Zutaten in einer kleinen Schüssel vermischen.

Wenn die gesamte Bhaji-Mischung aufgebraucht ist, die Bhajis beiseitelegen, bis alles andere servierfertig ist.

Vor dem Servieren aus den Salatzutaten den Salat zubereiten.

Zum Servieren die Burger aufbauen und viel Mango-Chutney, Limetten-Pickle, Joghurtdip, Salat und natürlich die köstlichen Bhajis – 2 pro Person – hinzugeben.

Kichererbsenmehl zum Binden der Mischung

Minz-Joghurt-Dip

Bhajis

Salat

Mango-Chutney

Die Bhajis vorsichtig in das Öl geben

Mit einem Wok-Abseihlöffel herausnehmen

SÜSSKARTOFFEL-PIRI-PIRI-BURGER

Ein toller Burger, bei dem ihr euch nach dem Essen nicht schuldig fühlt. Der Burger ist sowohl proteinreich als auch geschmacksintensiv – eine unwiderstehliche Kombination!

FÜR **5 PORTIONEN**	ZEIT **45 MINUTEN**	SCHWIERIGKEIT **5/10**

1 x 400 g Dose Kichererbsen, abgetropft und abgespült

1 x 400 g Dose gemischte Bohnen, abgetropft und abgespült

1 Handvoll frischer Koriander, gehackt

1 Süßkartoffel, gewürfelt und weich gedämpft

3 EL Piri Piri-Soße, plus etwas mehr zum Anrichten

2 EL Tomatenmark

1 EL getrockneter Oregano

1 TL getrocknete Chiliflocken

Abrieb und Saft von ½ Zitrone

2 TL Meersalz

5 EL Buchweizenmehl, plus etwas mehr zum Formen

Olivenöl zum Braten

Zum Anrichten

5 geröstete Burgerbrötchen

1 Handvoll gedünsteter Grünkohl

4 EL vegane Mayonnaise

1 Handvoll gehackte Walnüsse

4 EL Ketchup

1 Fleischtomate, in Scheiben geschnitten

1 rote Zwiebel, in Scheiben geschnitten

1 Avocado, in Scheiben geschnitten

1 Handvoll Kresse

Den Backofen auf 180 °C vorheizen und ein Backblech mit Backpapier auslegen.

Zuerst die Kichererbsen und Bohnen in eine Rührschüssel geben und mit Küchenpapier so gut wie möglich trocken tupfen.

Die Kichererbsen und Bohnen mit allen anderen Burger-Zutaten außer dem Mehl in einen Standmixer geben. Den Mixer nicht mehr als dreimal anstellen. Wenn man die Mischung zu lange hackt, wird sie zu einem Püree, was zu matschigen Burgern führt.

Wenn sie zerkleinert ist, die Mischung in eine Rührschüssel geben und das Mehl hinzufügen. Dies mit den Händen leicht zusammenkneten. Auch dabei nicht zu viel mischen, weil der Burger sonst matschig wird. Also nur vorsichtig kneten. Etwas mehr Mehl hinzufügen, wenn sich die Mischung zu nass anfühlt. Wenn nicht, die Mischung zu Patties formen. Es sollten 5 Patties geformt werden. Zwischen dem Formen der einzelnen Patties die Hände leicht mehlen.

Sobald die Patties geformt sind, diese auf das ausgekleidete Backblech legen. Ihr könnt sie sofort backen, aber ich ziehe es vor, sie zuerst in der Pfanne zu bräunen. Dazu einen Hauch Öl in eine beschichtete Pfanne geben und diese bei mittlerer Hitze auf den Herd stellen. Darin die Patties von jeder Seite 2 bis 3 Minuten lang braten.

Sobald die Patties schön gefärbt sind, diese wieder auf das Blech geben und dann 15 Minuten lang im Ofen backen.

Die Beilagen vorbereiten, während die Patties im Ofen sind.

Die Burger in einem gerösteten Brötchen mit gedünstetem Grünkohl, veganer Mayo, gehackten Walnüssen, Ketchup, geschnittenen Tomaten, geschnittenen roten Zwiebeln, Avocado, Kresse und etwas zusätzlicher Piri Piri-Soße servieren.

GEMÜSE, BEILA- GEN & SALATE

Gemüse,
Beilagen &
Salate

GEBRATENE KAROTTEN MIT SALSA VERDE

| FÜR **4 PORTIONEN** | ZEIT **35 MINUTEN** | SCHWIERIGKEIT **3/10** | |

20 gemischte Babykarotten, sauber geschrubbt

1 EL Olivenöl

1 Prise Meersalz

1 Prise schwarzer Pfeffer, grob gemahlen

Für die Salsa verde

1 Handvoll frische Petersilie

1 Handvoll frischer Schnittlauch

1 Handvoll frisches Basilikum

3 Knoblauchzehen, gehackt

3 EL Kapern

3 Cornichons

1 EL Senf

3 EL Olivenöl

3 EL Rotweinessig

1 Prise Meersalz

1 Prise schwarzer Pfeffer, grob gemahlen

Den Backofen auf 180 °C vorheizen.

Die Karotten auf ein Backblech legen, das Öl darüber träufeln und mit Salz und Pfeffer würzen.

Die Karotten in den Ofen schieben und 20 Minuten lang braten.

Während die Karotten braten, alle Zutaten für die Salsa verde in einen Multizerkleinerer geben und grob hacken.

Wenn die Karotten gar sind, großzügig die Salsa verde darüber träufeln und servieren.

Reste der Salsa verde können bis zu 5 Tage in einem luftdichten Behälter im Kühlschrank aufbewahrt werden.

Der einfachste Weg, Babykarotten zu säubern, besteht darin, sie mit einem neuen Topfreiniger unter fließendem kaltem Wasser zu schrubben.

SCHNELLER GEMÜSE-COUSCOUS

| FÜR **4 PORTIONEN** | ZEIT **25 MINUTEN** | SCHWIERIGKEIT **3/10** |

Olivenöl, zum Braten

1 rote Zwiebel, fein gehackt

1 rote Paprikaschote, gewürfelt

1 Zucchini, gewürfelt

1 x 400 g Dose Kichererbsen, abgetropft

2 TL Kreuzkümmel, gemahlen

2 TL Koriander, gemahlen

2 TL geräuchertes Paprikapulver

1 EL getrockneter Thymian

1 TL Meersalz

960 ml (4 cups) Gemüsebrühe

300 g (2 cups) Couscous

Saft von 1 Zitrone

Bei mittlerer Hitze etwas Öl in einer großen antihaftbeschichteten Pfanne oder in einem Wok erhitzen. Wenn das Öl heiß ist, die Zwiebel, die Paprika, die Zucchini und die Kichererbsen zusammen mit den Gewürzen, dem Thymian und dem Salz anbraten, bis das Gemüse weich ist.

Dann die Gemüsebrühe hinzufügen und zum Kochen bringen. Den Couscous einrühren und den Herd ausstellen.

Die Pfanne mit einem Deckel abdecken, um den Dampf in der Pfanne zu halten. Mindestens 5 Minuten stehen lassen, damit der Couscous weich wird.

Kurz vor dem Servieren den Couscous mit einer Gabel auflockern und den Zitronensaft darüber träufeln.

WASSERMELONEN-,,THUNFISCH"-SALAT

FÜR 4–6 PORTIONEN | **ZEIT 100 MINUTEN** | **SCHWIERIGKEIT 7/10**

1 mittelgroße Wassermelone, geschält und in 2,5 cm dicke Stücke von ca. 6 x 4 cm geschnitten

1 EL Meersalz

Pflanzenöl, zum Braten

Für die Marinade

2 TL Tahini

6 EL Sojasoße (oder Tamari für GF)

2 EL Reisessig

Saft von ½ Limette

1 TL getrocknete Chiliflocken

1 Knoblauchzehe

1 EL Sriracha-Soße

1 daumengroßes Stück frischer Ingwer, geschält

2 Frühlingszwiebeln

3 EL Sesamöl

Für den Salat

½ Gurke, in Stifte geschnitten

5 Frühlingszwiebeln, fein geschnitten

1 Handvoll Zuckerschoten, längs fein geschnitten

300 g Reisnudeln, nach Packungsanweisung gekocht

1 Handvoll Thai-Basilikum-Blätter

Den Backofen auf 180 °C vorheizen und ein tiefes Backblech mit Backpapier auslegen.

Die Wassermelonenstücke auf das Backblech legen und leicht salzen. Die Wassermelone für 1 Stunde in den Ofen geben.

In der Zwischenzeit die Zutaten für die Marinade in einem Mixer miteinander verrühren.

Sobald die Wassermelone „zart" ist, aus dem Ofen nehmen. Sie wird geschrumpft sein und eine schöne tiefrote Farbe haben.

Die Marinade über die gegarte Wassermelone gießen. Die Wassermelone erst abkühlen lassen und danach in den Kühlschrank stellen, wo sie mindestens 2 Stunden lang marinieren sollte.

Anschließend die Wassermelone aus dem Kühlschrank nehmen. Alle Zutaten für den Salat vermischen und ein paar Esslöffel der Wassermelonenmarinade hinzufügen.

Eine antihaftbeschichtete Pfanne auf hoher Hitze aufstellen. Ein wenig Öl hineingeben und darin die marinierten Wassermelonenstücke von jeder Seite 2 Minuten lang anbraten.

Die in Scheiben geschnittene Wassermelone auf einem Bett aus Nudelsalat servieren.

Dieses Rezept ist eins meiner Lieblingsrezepte. Es ist die am besten schmeckende Wassermelone, die noch dazu eine echte Thunfischstruktur hat. Achtet darauf, dass der marinierte „Thunfisch" vor dem Servieren eine schöne Karamellisierung erhält.

BROKKOLI-QUINOA-SALAT MIT EDAMAME

| FÜR **4 PORTIONEN** | ZEIT **20 MINUTEN** | SCHWIERIGKEIT **3/10** |

PRO TEIN · GF · MEAL PREP

250 g (2 cups) Quinoa

1 EL Sesamöl

200 g Broccolini

1 rote Chilischote, in feine Streifen geschnitten

150 g (1 cup) Edamame oder frische Erbsen

1 Handvoll geröstete Cashewnüsse

Saft von ½ Limette

2 EL Ahornsirup

2 EL Sojasoße oder Coconut Aminos

4 EL gemischte Samen

1 Prise getrocknete Chiliflocken

2 EL Goji-Beeren

Zuerst die Quinoa nach Packungsanweisung kochen.

Dann eine Bratpfanne bei hoher Hitze auf den Herd setzen und das Sesamöl hineingeben. Wenn das Öl heiß ist, die Broccolini und die fein geschnittene Chilischote hinzufügen.

Die Broccolini ca. 3 bis 4 Minuten lang anbraten und nach der Hälfte des Garvorgangs einmal wenden.

In der Zwischenzeit Quinoa, Edamame oder Erbsen, Cashewnüsse, Limettensaft, Ahornsirup, Sojasoße und Samen in einer großen Schüssel vermischen.

Wenn der Brokkoli fertig ist, die Broccolini und Chili auf dem Quinoa-Salat anrichten und je eine Prise Chiliflocken und Goji-Beeren darüber geben.

FRITTIERTE KOCHBANANEN

Diese Tostones – zweimal gebratene Scheiben von nicht reifen (oft grünen) Kochbananen – sind knusprig und lecker. Sie passen perfekt zu meiner marinierten Jackfrucht mit Reis und Bohnen (Seite 112).

FÜR **4–6 PORTIONEN**	ZEIT **20 MINUTEN**	SCHWIERIGKEIT **5/10**

 GF

2 – 3 unreife Kochbananen

1 Liter Pflanzenöl, zum Frittieren

Salz, zum Bestreuen

Mit einer Messerspitze der Länge nach die Schale der Kochbananen einschneiden und dann an diesem Schnitt entlang die Bananenschale entfernen. Die Kochbananen in 2 cm dicke Scheiben schneiden.

Einen Topf zur Hälfte mit Öl füllen und diesen bei mittlerer Hitze aufsetzen. Alternativ könnt ihr eine Fritteuse verwenden, die auf etwa 180 °C eingestellt ist. Wenn ihr einen Topf verwendet, überprüfen, ob das Öl heiß genug ist. Dazu einen Holzlöffel in das Öl tauchen. Wenn sich Blasen um das Holz bilden, ist das Öl heiß genug.

Die Bananenscheiben 3 bis 4 Minuten lang frittieren. Dann mit einer Siebkelle herausnehmen und auf einen mit Küchenpapier ausgelegten Teller legen.

Mit dem Boden eines Glases jede einzeln frittierte Bananenscheibe in eine flache Scheibenform quetschen. Die Bananen sollten nach dem Quetschen etwa 5 mm dick sein.

Die abgeflachte Kochbanane noch einmal in demselben Öl frittieren, bis sie super goldfarben und knusprig ist.

Sobald die Stücke schön knusprig sind, aus dem Öl nehmen, erneut auf Küchenpapier legen und mit Salz würzen.

Foto auf Seite 113

GEBRATENE KOCHBANANEN

Die Kochbananen schälen und in Scheiben
schneiden. Eine antihaftbeschichte Pfanne
erhitzen, Pflanzenöl hineingeben und
die Bananenscheiben von jeder Seite
2 bis 3 Minuten lang goldbraun braten.
Aus der Pfanne nehmen und auf einem mit
Küchenpapier ausgelegten Teller abtropfen
lassen und mit Meersalz würzen.

KNALLER-KRAUTSALAT

| FÜR **4 PORTIONEN** | ZEIT **15 MINUTEN** | SCHWIERIGKEIT **3/10** |

1 Apfel, gerieben

¼ Rotkohl, fein zerkleinert

2 Karotten, in dünne Scheiben gehobelt

½ Gurke, in dünne Scheiben gehobelt

1 rote Zwiebel, fein geschnitten

Saft von 1 Zitrone

75 g (½ cup) Rosinen

1 Handvoll Pekannüsse oder Walnüsse, fein gehackt

1 Handvoll frische Petersilie, fein gehackt

Alle Zutaten in eine große Rührschüssel geben.

Alles gut miteinander verrühren und dabei sicherstellen, dass es sehr gründlich gemischt ist.

Sofort servieren.

CREMIGES KARTOFFELPÜREE

| FÜR **4 PORTIONEN** | ZEIT **25 MINUTEN** | SCHWIERIGKEIT **3/10** |

1 kg mehligkochende Kartoffeln, gewürfelt

240 ml (1 cup) cremige Pflanzenmilch (wie Soja-, Cashew-, Hafer- oder Erbsenmilch)

½ Zwiebel

1 Lorbeerblatt

2 TL Meersalz

2 TL schwarzer Pfeffer, gemahlen

3 EL vegane Margarine

In einem großen Topf Wasser zum Kochen bringen und dann die gewürfelten Kartoffeln hineingeben. Die Kartoffeln etwa 13 Minuten lang, oder bis sie weich sind, kochen.

Während die Kartoffeln kochen, die Milch in einem kleinen Topf mit Zwiebel, Lorbeer, Gewürzen und Margarine erhitzen. Die Milch zum Kochen bringen und dann den Herd ausstellen.

Wenn die Kartoffeln gar sind, in ein Sieb gießen und das Wasser abtropfen lassen. Die Kartoffeln 2 bis 3 Minuten trocknen lassen, dann durch eine Kartoffelpresse drücken und wieder in den Topf geben.

Sobald die gesamten Kartoffeln durchgedrückt sind, die aromatisierte Milch dazugeben. Die Milch in das Püree einrühren, bis sich die beiden Komponenten vollständig verbunden haben. Wenn das Püree cremig ist, abschmecken und servieren.

PAK CHOI MIT SESAM & SÜSSER CHILIGLASUR

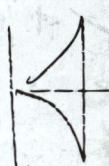

FÜR **4 PORTIONEN**	ZEIT **15 MINUTEN**	SCHWIERIGKEIT **3/10**

(**15 MIN**) (**GF**)

6 Baby Pak Choi, längs halbiert

1 EL Sesamöl

Für die süße Chilisoße

1 EL getrocknete Chiliflocken

1 daumengroßes Stück frischer Ingwer, geschält und fein geschnitten

4 Knoblauchzehen, gehackt

240 ml (1 cup) Wasser

120 ml (½ cup) Reisweinessig

115 g (½ cup) feiner Zucker

2 EL Tomatenmark

2 EL Maismehl oder Speisestärke, gemischt mit 2 EL Wasser

Zum Anrichten

2 EL gemischte Sesamkörner

Zuerst die Soße zubereiten. Dazu alle Zutaten außer der Maismehlmischung in einen kleinen Topf geben und diesen bei mittlerer Hitze auf den Herd stellen.

Die Soße zum Kochen bringen und 10 Minuten lang kochen lassen. Dann die Maismehlmischung unterrühren, um sie zu verdicken. Den Herd auf niedrige Stufe stellen, während der Pak Choi zubereitet wird.

Einen großen Wok auf hoher Hitze auf den Herd stellen und das Sesamöl hineingeben. Wenn das Öl heiß ist, den Pak Choi hinzufügen und 3 bis 4 Minuten lang anbraten. Dann ungefähr eine Tasse der süßen Chilisoße dazugeben.

Sobald der Pak Choi schön glasiert ist, sofort mit einer Prise Sesam servieren.

Übrig gebliebene Soße kann bis zu 4 Wochen in einer luftdicht verschlossenen Flasche im Kühlschrank aufbewahrt werden.

GEGRILLTE SALATHERZEN IN ORANGENSOSSE

Eine meiner Lieblingsmethoden, um Gemüse zuzubereiten, ist das Grillen. Es verleiht dem Salat einen großartigen Geschmack mit rauchigem BBQ-Aroma. Der herrlich scharfe Zitrusgeschmack der Orangensoße verbindet sich ganz fantastisch mit der Süße des Salats und ergänzt sie richtig gut.

FÜR **4 PORTIONEN**	ZEIT **15 MINUTEN**	SCHWIERIGKEIT **3/10**

1 EL Olivenöl

4 Salatherzen, halbiert

Für die Orangensoße

360 ml (1 ½ cups) Orangensaft

1 daumengroßes Stück frischer Ingwer, geschält und fein geschnitten

1 rote Chilischote, fein geschnitten

3 EL feiner Zucker

Die Zutaten für die Soße in einen kleinen Topf geben und diesen bei schwacher Hitze auf den Herd stellen. Die Soße etwa 15 Minuten lang sprudelnd kochen lassen, dabei ab und zu umrühren. So lange kochen, bis sie eine dicke, glasurartige Konsistenz hat.

In der Zwischenzeit eine Bratpfanne bei starker Hitze vorheizen und das Öl hinzufügen. Wenn es heiß ist, die Salatherzen mit der Schnittseite nach unten hineinlegen. Von beiden Seiten 2 Minuten grillen. Ich finde es gut, wenn der Salat ein paar angekohlte Grillstreifen erhält, weil dies zusätzlichen Geschmack hinzufügt.

Zum Anrichten den gegrillten Salat auf ein Tablett oder eine Platte legen und mit viel Orangenglasur beträufeln.

Eventuell übrig gebliebene Glasur kann bis zu 3 Wochen in einem verschlossenen Behälter im Kühlschrank aufbewahrt werden.

SÜSS-SCHARFER KOCHBANANEN-SALAT

Dies ist mein Lieblingssalat – er hat eine schöne Auswahl an süßen, würzigen und herben Aromen. Dazu gesellen sich andere tolle Texturen von Bohnen, Kochbanane, Avocado und Mango. Der Salat schmeckt hervorragend als Einzelgericht oder als Beilage.

FÜR **4 PORTIONEN**	ZEIT **15 MINUTEN**	SCHWIERIGKEIT **3/10**

15 MIN · PRO TEIN · CAN BE GF · MEAL ☆ PREP

1 EL Kokosöl

2 reife Kochbananen, geschält und schräg in 2 cm dicke Stücke geschnitten

1 TL Meersalz

½ Mango, gewürfelt

1 rote Zwiebel, fein geschnitten

1 Avocado, gewürfelt

1 rote Chilischote, fein geschnitten

1 Handvoll frischer Koriander, fein gehackt

1 rote Paprikaschote, entkernt und gewürfelt

1 x 400 g Dose Augenbohnen oder Bohnen nach Wahl, abgetropft und abgespült

2 EL gemischte Samen

Saft von 1 Limette

2 EL Ahornsirup oder Agavennektar

1 EL Sojasoße oder Tamari

Eine antihaftbeschichtete Pfanne auf mittlerer Hitze auf den Herd stellen und das Kokosöl hineingeben. Wenn das Öl heiß ist, die Kochbananen hinzufügen. Die Scheiben auf beiden Seiten 2 bis 3 Minuten braten. Dabei sicherstellen, dass die Bananen schön karamellisiert werden.

Nach dem Braten die Bananenscheiben aus der Pfanne nehmen und auf einen mit Küchenpapier ausgelegten Teller legen, um überschüssiges Öl aufzusaugen. Mit dem Meersalz würzen.

Die gebratene Kochbanane mit allen restlichen Salatzutaten in eine große Schüssel geben. Den Salat ein wenig schwenken, dann sofort servieren.

POMMES FRITES

FÜR **4–6 PORTIONEN**	ZEIT **30 MINUTEN**	SCHWIERIGKEIT **5/10**

Für die Pommes

1 Liter Pflanzenöl, zum Frittieren

4 große mehligkochende Kartoffeln, gewaschen und in Pommesform geschnitten

2 TL Meersalz

1 TL schwarzer Pfeffer, grob gemahlen

Einen großen Topf zur Hälfte mit Öl füllen und diesen bei mittlerer Hitze auf den Herd stellen. Alternativ könnt ihr eine Fritteuse verwenden, die auf etwa 100 °C eingestellt ist. Wenn ihr einen Topf verwendet, überprüfen, ob das Öl heiß genug ist. Dazu einen Holzlöffel in das Öl tauchen. Wenn sich Blasen um das Holz bilden, ist das Öl heiß genug.

Die Pommes frites vorsichtig in das Öl geben und 3 bis 4 Minuten frittieren. Dann mit einem Wok-Abseihlöffel oder einer Siebkelle herausnehmen und auf ein mit Küchenpapier ausgelegtes Backblech legen und einige Minuten beiseitestellen. Den Topf mit dem Öl vom Herd nehmen, aber das Öl nicht entsorgen.

Sobald die Pommes etwas abgekühlt sind, diese unbedeckt in den Kühlschrank stellen. Die trockene Luft im Kühlschrank entfernt überschüssige Feuchtigkeit, was dazu führt, dass die Pommes knuspriger werden.

Das Öl im Topf nach mindestens 30 Minuten Wartezeit erneut erhitzen. Dieses Mal auf 180 °C.

Die Pommes frites 3 bis 4 Minuten frittieren, dann wieder aus dem Öl nehmen und auf Küchenpapier abtropfen lassen. Die Pommes nun noch einmal abkühlen lassen.

Die Pommes ein letztes Mal kurz vor dem Servieren frittieren, bis sie knusprig und goldbraun sind. Anschließend mit Salz und Pfeffer würzen.

POUTINE

1 Portion einmal frittierte Pommes frites (siehe unten und Seite 179)

360 ml (3 cups) Gemüsebrühe

1 EL Sojasoße

1 EL Misopaste

Saft von 1 Zitrone

1 EL getrockneter Estragon

je 2 Zweige frischer Thymian und Salbei

1 Zweig frischer Rosmarin

120 ml (½ cup) kalte Pflanzenmilch

4 EL Tapiokastärke

1 EL Nährhefe

¼ TL getrocknetes Zwiebelpulver

1 TL weiße Misopaste

1 TL frischer Zitronensaft

je 1 Prise Meersalz und weißer Pfeffer

¼ TL Knoblauchpulver

Für die Bratensoße

2 Karotten, geschält

2 rote Zwiebeln

250 g braune Champignons

2 Knoblauchzehen

2 Selleriestangen

1 EL Olivenöl

5 sonnengetrocknete Tomaten, gehackt

2 EL Mehl

Für den Käsebruch

120 g (½ cup) rohe Cashewnüsse

120 ml (½ cup) gefiltertes kaltes Wasser

Zunächst die Pommes frites nach der Methode auf Seite 179 zubereiten bis zu dem Schritt, wo sie im Kühlschrank gekühlt werden.

Karotten, Zwiebeln, Pilze, Knoblauch und Sellerie grob hacken.

Einen großen Topf bei mittlerer Hitze auf den Herd stellen und das Olivenöl hineingeben. Wenn das Öl heiß ist, die Zwiebeln und Pilze hinzufügen. 2 Minuten anbraten, bis die Pilze geschrumpft sind. Den Rest des gehackten Gemüses, die sonnengetrockneten Tomaten und eine Prise Salz und Pfeffer hinzufügen und unter häufigem Rühren 3 Minuten lang weiter braten. Die Mischung goldfarben werden lassen, sodass sie schön karamellisiert. Dabei sicherstellen, dass nichts anbrennt.

Das Mehl einrühren, dann noch 1 Minute kochen lassen. Die Pfanne mit der Gemüsebrühe ablöschen und die Hitze auf niedrige Stufe stellen.

Die Sojasoße, Miso und Zitronensaft hinzufügen, gefolgt von den Kräutern. Die Soße für 20 Minuten köcheln lassen, bis sie etwas reduziert ist. Nach dieser Zeit sollte sie gut eingedickt sein.

Fortsetzung der Arbeitsschritte auf Seite 182…

Poutine Fortsetzung der Arbeitsschritte...

Die Soße durch ein feines Sieb in einen kleinen Topf geben. Mit der Rückseite einer Suppenkelle so viel Flüssigkeit wie möglich aus dem Gemüse drücken. Die Bratensoße kann sofort serviert werden. Wenn sie jedoch noch etwas dünn ist, besser noch einige Minuten einreduzieren lassen.

Die Bratensoße kann gut vorbereitet und in einem verschlossenen Behälter im Kühlschrank aufbewahrt werden. Vor dem Servieren einfach in einem Topf aufwärmen.

Um den Käsebruch zuzubereiten, die Cashewnüsse mit allen anderen Zutaten in einen Multizerkleinerer geben. Mit voller Geschwindigkeit hacken, bis die Mischung super glatt ist. Die Käsemischung in einen antihaftbeschichteten Topf geben und diesen bei schwacher Hitze auf den Herd stellen.

Die Mischung 8 bis 10 Minuten lang kochen, oder bis sie dick und käseartig ist. Dabei ständig umrühren. Möglicherweise müsst ihr einen Schneebesen verwenden, um etwaige Klumpen zu entfernen. Den Herd ausschalten, sobald der Käsebruch eingedickt ist. Die Mischung in einen Behälter gießen und diesen bis zum Servieren in den Kühlschrank stellen, wo der Käsebruch noch einmal etwas eindickt.

Die Pommes frites aus dem Kühlschrank nehmen und wie auf Seite 179 beschrieben frittieren.

Zum Servieren kleine Stücke des Käsebruchs auf die Pommes geben und dann viel erwärmte Bratensoße darüber gießen. Ein paar frische Thymianblätter darüberstreuen.

GEBRATENE MAISKOLBEN

FÜR **4 PORTIONEN**	ZEIT **10 MINUTEN**	SCHWIERIGKEIT **3/10**

4 Maiskolben

1 EL Olivenöl

Für die Knoblauch „butter"

3 EL vegane Margarine

1 TL Meersalz

1 TL schwarzer Pfeffer, grob gemahlen

2 TL Knoblauchgranulat oder 2 Knoblauchzehen, gehackt

2 TL getrocknete gemischte Kräuter

Saft von ½ Zitrone

1 TL getrocknete Chiliflocken

Zuerst die Knoblauch „butter"-Zutaten in eine Schüssel geben und aufschlagen, bis alles vollständig miteinander verbunden ist.

Eine große antihaftbeschichtete Pfanne bei hoher Hitze auf den Herd stellen. Dabei sicherstellen, dass sie groß genug ist, damit der Mais hineinpasst. Nun das Öl hineingeben.

Sobald das Öl heiß ist, die Maiskolben paarweise hinzufügen. Von allen Seiten ca. 5 bis 6 Minuten braten. Sobald der Mais gebraten ist, die Knoblauch „butter" großzügig über die Maiskolben streichen und sofort servieren.

GEDÜNSTETES GEMÜSE

Das ist die wichtigste Seite in diesem Buch! Zu jeder Mahlzeit sollte die Hälfte eures Tellers mit Obst und/oder Gemüse gefüllt sein (siehe Teller-Aufteilung Seite 213). Meiner Meinung nach ist die beste Art Gemüse zuzubereiten, es zu dünsten. Dies erhält die Nährstoffe, den Geschmack und die Textur. Ich verwende einen traditionellen Bambusdämpfer über einem mit Wasser gefüllten Wok.

Gemüse	Dampfzeit
Spinat	30 – 60 Sekunden
Erbsen / Edamame, gefroren	1 – 2 Minuten
Spargel / Pak Choi	2 – 3 Minuten
Grünkohl	3 – 4 Minuten
Karotten, geschnitten	4 – 5 Minuten
Brokkoli- / Blumenkohlröschen	5 – 6 Minuten
Maiskolben	11 – 13 Minuten
Kartoffeln, gewürfelt	12 – 14 Minuten
Süßkartoffeln / Kürbis, gewürfelt	12 – 15 Minuten
Rote Bete, in 3-cm-Stücke geschnitten	14 – 16 Minuten

Einfach einen Wok zu einem Viertel mit Wasser füllen und diesen dann auf hoher Hitze aufstellen.

Darauf den Bambusdämpfer platzieren. Wenn das Wasser kocht, das Gemüse in die Dampfkörbe legen.

Wenn ihr etwas Hartes wie Süßkartoffeln kocht, stellt sicher, dass ihr es in den unteren Korb gebt. Sofort den Deckel auf den Bambusdämpfer setzen und dann den Dampf mit seiner Magie wirken lassen.

Wenn ihr für längere Zeit dämpft, solltet ihr regelmäßig kochendes Wasser im Wok nachfüllen.

Die Dampfzeiten findet ihr in der obigen Tabelle.

Ob das Gemüse zart ist, könnt ihr überprüfen, indem ihr jeweils eine Gabel hineinsteckt.

Ein Bambusdämpfer ist leicht zu reinigen. Ich spüle meinen nur mit heißer Seifenlauge ab und lasse ihn trocknen. Von Zeit zu Zeit stelle ich ihn sogar in die Spülmaschine.

10

NACH-SPEISEN

Nachspeisen

APFEL-BROMBEER-PIES

Diese Küchlein sind zwar einfach zu machen, aber auffallend im Geschmack. Ihr dürft hierbei gerne auch mit den Füllungen experimentieren – harte Früchte wie Äpfel und Birnen funktionieren am besten, aber ihr könnt auch Mangos und Pfirsiche verwenden.

FÜR **4 PORTIONEN**	ZEIT **50 MINUTEN**	SCHWIERIGKEIT **5/10**

4 süße Äpfel (ich habe Braeburn verwendet), in 1 cm große Würfel geschnitten

200 g (2 cups) Brombeeren

4 EL Kokosblütenzucker oder Süßstoff nach Wahl, plus Zucker zum Bestreuen

1 TL Zimt, gemahlen

1 Prise Muskatnuss, gerieben

1 Blatt rollfertiger Blätterteig

100 g (¾ cup) Weizenmehl oder glutenfreies Mehl, zum Ausrollen

Für die Glasur

3 EL Ahornsirup

2 EL Pflanzenöl

2 EL Pflanzenmilch

Zum Anrichten

veganer Pudding

frische Minze

Ahornsirup

Den Backofen auf 180 °C vorheizen und ein Backblech mit Backpapier auslegen.

Die Apfelwürfel, die Brombeeren, den Zucker und die Gewürze in einen Topf geben und bei schwacher Hitze auf den Herd stellen. Den Topf mit einem Deckel verschließen und 12 Minuten kochen lassen.

In der Zwischenzeit den Blätterteig auf leicht bemehltem Backpapier auf eine Dicke von ca. 3 mm ausrollen. Den Teig in 4 Rechtecke mit einer Größe von jeweils 13 x 7,5 cm schneiden.

Wenn die Apfelwürfel weich sind, in eine große Schüssel geben und etwas abkühlen lassen.

Für die Glasur Ahornsirup, Öl und Pflanzenmilch in einer kleinen Schüssel vermischen.

Die Hälfte der Blätterteig-Rechtecke in einem Abstand von einigen Zentimetern auf das Backblech legen. 2 bis 3 EL der Apfelmischung in die Mitte jedes Rechtecks geben. Dabei außen einen Rand von 2,5 cm lassen. Den Rand mit der Glasur einpinseln.

Die restlichen Blätterteig-Rechtecke auf die Füllung legen und die Ränder gut mit den Fingern zusammendrücken. Dann zusätzlich mit einer Gabel die Kanten festdrücken, sodass die Füllung im Inneren verbleibt.

Die Pies mit der Glasur bestreichen und mit etwas Zucker bestreuen. Das Blech nun in den Ofen schieben und die Pies 25 Minuten lang backen.

Die Pies mit Pudding, etwas Ahornsirup und etwas frischer Minze servieren.

KÖSTLICHE KIRSCH-
ZIMTSCHNECKEN

Leicht, locker und warm, so sind perfekte Zimtschnecken. Ich habe etwas Kirsche für einen besonderen Pepp hinzugefügt – und das schmeckt richtig gut. Die Schnecken kann man ganz wunderbar mit Freunden teilen.

FÜR **4–6 PORTIONEN**	ZEIT **165 MINUTEN**	SCHWIERIGKEIT **7/10**

Für den Teig

360 ml (1 ½ cups) Sojamilch

115 g (½ cup) vegane Margarine, plus etwas mehr zum Einfetten

2 TL Aktiv-Trockenhefe

475 g (3 ⅓ cups) Weizenmehl Type 812, plus mehr zum Ausrollen

75 g (¾ cup) Maismehl oder Speisestärke

60 g (½ cup) Puderzucker

Für die Füllung

90 g (¾ cup) getrocknete Kirschen

2 EL Mandelbutter

1 EL gemahlener Zimt

5 EL Ahornsirup

Zuerst den Teig zubereiten. Sojamilch und Margarine in einem Topf bei schwacher Hitze leicht erhitzen, bis die Margarine geschmolzen und die Mischung lauwarm ist. Die Hefe unterrühren und die Mischung 5 Minuten lang beiseitestellen.

In der Zwischenzeit Mehl, Maismehl und Puderzucker in einen Standmixer mit Teighaken oder in eine große Rührschüssel geben. Die Sojamilchmischung dazu gießen und den Mixer auf mittlerer Geschwindigkeit 5 bis 6 Minuten kneten lassen. Wenn ihr keinen Mixer verwendet, könnt ihr auch von Hand kneten.

Sobald der Teig geknetet ist, eine Rührschüssel leicht mit Margarine einfetten und den Teig in die Schüssel geben. Die Schüssel mit einem sauberen Küchentuch abdecken und etwa 1 Stunde lang an einen warmen Ort stellen, damit der Teig gehen und seine Größe verdoppeln kann. Alternativ könnt ihr den Teig über Nacht in den Kühlschrank stellen, um ihn langsam gehen zu lassen.

Während der Teig ruht, die Zutaten für die Füllung miteinander verrühren und ein wenig Wasser hinzufügen, damit sich alles gut miteinander verbindet. Die Mischung sollte eine sirupartige Konsistenz bekommen, in der sich kleine Kirschstücke befinden.

Ein Backblech oder eine runde 23-cm-Springform mit Backpapier auslegen.

Die Arbeitsfläche leicht mehlen und den aufgegangenen Teig aus der Schüssel darauf geben. Den Teig in eine lange rechteckige Form mit einer Dicke von etwa 1 cm ausrollen.

Die Füllung gleichmäßig auf dem Teig verteilen und diesen dann von der breiten Seite her aufrollen. Nach dem Rollen die Teigrolle in 8 gleich große Scheiben schneiden.

Die Scheiben mit der Schnittseite nach oben in das Backblech bzw. die Springform setzen. Das Blech mit einem sauberen Küchentuch abdecken und etwa 45 Minuten lang, oder bis der Kuchen schön aufgegangen ist, an einen warmen Ort stellen.

Den Backofen auf 180 °C vorheizen.

Für die Glasur

120 ml Ahornsirup

175 g vegane Margarine

1 Handvoll Mandelblättchen

Für den Zuckerguss

120 g Puderzucker

60 ml Mandelmilch

1 TL Vanilleextrakt

Für die Glasur bei schwacher Hitze den Ahornsirup und die Margarine in einem Topf erhitzen. Sobald die Margarine geschmolzen ist, vom Herd nehmen.

Sind die Schnecken aufgegangen, die Hälfte der Glasur darüber gießen.

Die Schnecken 25 Minuten lang auf der unteren Schiene des Ofens backen, dann aus dem Ofen nehmen, die übrige Glasur vorsichtig darauf streichen und einige der Mandelblättchen darüberstreuen. Anschließend zurück in den Ofen schieben und für weitere 10 Minuten backen, bis sie schön goldfarben sind.

In der Zwischenzeit den Zuckerguss herstellen. Dazu Puderzucker, Mandelmilch und Vanille mischen.

Die Zimtschnecken aus dem Ofen nehmen und abkühlen lassen. Erst dann aus dem Blech bzw. der Springform nehmen. Auf einem Kuchengitter vollständig abkühlen lassen, dann den Zuckerguss darüber gießen, mit den restlichen Mandelblättchen bestreuen und servieren.

Foto auf Seite 192/193

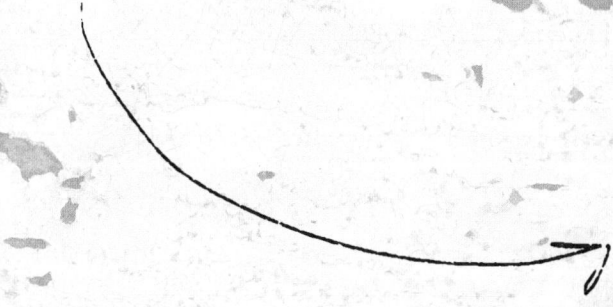

Vor dem Servieren den Zuckerguss über die Zimtschnecken gießen

ORANGENCRÊPES MIT SOSSE

| FÜR **4–6 PORTIONEN** | ZEIT **35 MINUTEN** | SCHWIERIGKEIT **3/10** |

Für die Crêpes

270 g (2 cups) Weizenmehl oder glutenfreies Mehl

1 Prise Meersalz

720 ml (3 cups) Pflanzenmilch

Pflanzenöl zum Braten

Für die Orangensoße

240 ml (1 cup) Orangensaft

1 Orange, geschält und in Filets geschnitten

230 g (1 cup) feiner Zucker

1 Sternanis

35 ml (1 Schuss) Orangenlikör

Zuerst den Crêpeteig zubereiten. Dazu Mehl und Meersalz in eine Rührschüssel geben und die Pflanzenmilch unterrühren. Den Teig für 10 Minuten beiseitestellen.

Um die Soße zuzubereiten, alle Zutaten in einen kleinen Topf geben und diesen bei niedriger Hitze auf den Herd stellen. Die Soße unter gelegentlichem Rühren etwa 15 Minuten lang sprudelnd kochen lassen, bis sie etwas eingedickt ist.

Eine antihaftbeschichtete Pfanne leicht einölen und bei mittlerer Hitze auf den Herd stellen. Genügend Crêpeteig hineingeben, um den Boden der Pfanne zu bedecken. Mit der Rückseite einer Suppenkelle lässt sich der Teig bei Bedarf ausbreiten. Jeden Crêpe von jeder Seite etwa 2 Minuten lang braten oder so lange, bis er goldbraun ist; bei Bedarf mehr Öl hinzufügen.

Sobald der gesamte Teig aufgebraucht ist, die Crêpes mit viel Orangensoße, die über die Crêpes geträufelt wird, servieren.

TOFFEE-APFEL-SCHOKOBROWNIE-PUDDING

Dieses leckere Dessert weckt immer direkt herbstliche oder winterliche Gefühle in mir. Bei den karamellisierten Toffee-Äpfeln muss ich nämlich immer an Halloween denken. Und die Äpfel passen unglaublich gut zu dem aromareichen, leichten Brownie-Pudding.

FÜR **6–8 PORTIONEN**	ZEIT **60 MINUTEN**	SCHWIERIGKEIT **5/10**

CAN BE GF

200 g (1 ½ cups) milchfreie dunkle Schokolade

5 EL vegane Margarine

5 EL feiner Zucker

2 Braeburn-Äpfel, geschält und gewürfelt

170 g (1 ½ cups) Weizenmehl oder glutenfreies Mehl

180 g (1 ¼ cups) hellbrauner Zucker

3 EL Kakaopulver

1 Prise Meersalz

1 Prise Zimt, gemahlen

240 ml (1 cup) Pflanzenmilch

1 Handvoll Walnüsse

1 Handvoll Kürbiskerne

Zum Anrichten

Karamellsoße (Seite 210)

Den Backofen auf 180 °C vorheizen und ein quadratisches 25,5-cm-Backblech mit Backpapier auslegen.

Einen kleinen Topf zu einem Viertel mit Wasser füllen und bei niedriger Hitze auf den Herd stellen. Eine hitzebeständige Schüssel darauf setzen und die Schokolade und die vegane Margarine in die Schüssel geben. Die Mischung schmelzen lassen. Wenn das Wasser zu kochen beginnt, den Herd ausstellen und die Schokolade mit der Restwärme schmelzen.

In der Zwischenzeit eine beschichtete Pfanne bei mittlerer Hitze auf den Herd stellen und den Zucker hineingeben. Den Zucker karamellisieren lassen. Dabei die Pfanne öfter schwenken, damit er schneller schmilzt. Sobald der Zucker karamellisiert ist, die Äpfel hinzufügen und die Pfanne schwenken, um die Äpfel komplett mit dem Karamell zu überziehen. Die Äpfel 3 bis 4 Minuten kochen lassen und dann den Herd ausstellen.

In der Zwischenzeit Mehl, hellbraunen Zucker, Kakao, Salz und Zimt in eine Rührschüssel geben und gut mischen. Die Pflanzenmilch unterheben, gefolgt von der geschmolzenen Schokoladenmischung.

Die Brownie-Mischung in das Backblech gießen und gleichmäßig darin verteilen. Die Mischung mit den karamellisierten Äpfeln, Walnüssen und Kürbiskernen belegen.

25 bis 30 Minuten backen, bis die Oberfläche leicht gefärbt ist und sich elastisch anfühlt.

Nach dem Backen den Brownie auf einem Kuchengitter vollständig abkühlen lassen, in Scheiben schneiden und mit Karamellsoße servieren.

PORTUGIESISCHE TÖRTCHEN

| FÜR **8 PORTIONEN** | ZEIT **55 MINUTEN** | SCHWIERIGKEIT **5/10** |

Pflanzenöl zum Einfetten

3 EL Weizenmehl oder glutenfreies Mehl, zum Ausrollen

1 Packung fertiger Blätterteig

2 EL gemahlener Zimt

Für den Pudding

1 x 400 ml Dose Kokosmilch oder 400 ml (1 ½ cups) Soja- oder Hafersahne

1 EL Vanilleextrakt

240 ml (1 cup) Pflanzenmilch

5 EL Maismehl oder Speisestärke

4 EL Puderzucker

Den Backofen auf 180 °C vorheizen und 8 Vertiefungen einer antihaft-beschichteten Muffinform leicht einfetten.

Die Arbeitsfläche mit etwas Mehl bestäuben und den Blätterteig darauf zu einem großen Rechteck mit einer Dicke von etwa 2 mm ausrollen. Den Zimt darauf streuen, sodass der gesamte Teig bedeckt ist.

Den Blätterteig von der breiten Seite fest aufrollen und dann in 8 Stücke schneiden.

Jedes Stück zu einer Scheibe mit einem Durchmesser von etwa 10 cm ausrollen und diese in die Vertiefungen der Muffinform drücken. Dabei darauf achten, dass der Teig an den Seiten bis ganz nach oben reicht.

Im Ofen 10 Minuten backen.

In der Zwischenzeit den Pudding herstellen. Die Kokosmilch mit der Vanille in einen Topf geben und diesen bei schwacher Hitze auf den Herd stellen. Zum Kochen bringen.

In einer Rührschüssel Milch, Maismehl und Puderzucker glatt rühren.

Die Maismehlmischung in den Topf geben und so lange rühren, bis sie eingedickt und cremig ist. Ich verwende dazu abwechselnd einen Silikon-Teigschaber und einen Schneebesen, um jegliche Klümpchenbildung zu verhindern. Es sollte ungefähr 5 bis 6 Minuten dauern, bis der Pudding eingedickt ist. Sobald dies geschehen ist, den Herd ausschalten.

Die Törtchen aus dem Ofen nehmen. Dann mit einem kleinen Löffel den Boden jedes Törtchens flach drücken, falls er nach oben gestiegen ist, um mehr Platz für den Pudding zu schaffen.

Den Pudding auf die Törtchen verteilen und diese wieder in den Ofen schieben, um sie weitere 15 bis 20 Minuten lang zu backen. Dabei darauf achten, dass sie nicht verbrennen.

Sobald die Törtchen goldbraun sind, diese aus dem Ofen nehmen und 10 Minuten stehen lassen. Erst dann aus der Form lösen und zum vollständigen Abkühlen auf ein Kuchengitter setzen.

Die Törtchen bleiben 2 Tage lang frisch, wenn sie in einem verschlossenen Behälter aufbewahrt werden.

GESTÜRZTER MANGOKUCHEN

Ich liebe gestürzte Kuchen. Bei dieser Variante zieht der Mangosaft schön in den Teig ein, was einen unvergleichlichen Kuchen ergibt.

FÜR **6–8 PORTIONEN**	ZEIT **75 MINUTEN**	SCHWIERIGKEIT **5/10**

CAN BE GF

Für das Topping

5 EL feiner Zucker

1 EL vegane Margarine

2 Mangos, geschält und in dünne Streifen geschnitten

Abrieb von 1 Limette zum Dekorieren

Für den Kuchen

FEUCHTE ZUTATEN

360 ml (1 ½ cups) Pflanzenmilch

2 TL Vanilleextrakt

115 g (½ cup) vegane Margarine, geschmolzen

TROCKENE ZUTATEN

390 g (3 cups) Weizenmehl oder glutenfreies Mehl

3 TL Backpulver

1 Prise Meersalz

300 g (1 ½ cups) feiner Zucker

Den Backofen auf 180 °C vorheizen und eine Springform mit 23 cm Durchmesser einfetten. Dabei sicherstellen, dass der Boden wirklich dicht ist, da sonst die Fruchtsäfte austreten. Zur Sicherheit die Form auf ein Backblech stellen.

Für das Topping den Zucker und die Margarine in einen Topf geben und bei schwacher Hitze zu einem Karamell schmelzen lassen. Dies sollte einige Minuten dauern. Ab und zu mit einem Teigschaber umrühren. Wenn das Karamell eine bernsteinfarbene Farbe hat, vom Herd nehmen – auf keinen Fall zu lange stehen lassen, da es schnell anbrennt und bitter wird. Seid bei dem Karamell sehr vorsichtig, es wird extrem heiß!

Das Karamell in die Springform gießen, sodass es den Boden vollständig bedeckt. Die Mangostreifen ordentlich in der Kuchenform auf das Karamell legen, dabei an den Rändern beginnen und die Mango nach innen weiter schichten.

Die Form beiseitestellen und schnell den Kuchenteig zubereiten. Dazu alle feuchten Zutaten in einen Messbecher geben.

Alle trockenen Zutaten in eine große Rührschüssel sieben. Die feuchte Mischung dazu gießen und mit einem Teigschaber in Achterbewegungen unterrühren.

Den Kuchenteig direkt auf die Mango in der Kuchenform gießen und die Form leicht auf die Arbeitsfläche klopfen, um eventuelle Lufteinschlüsse zu entfernen.

Den Kuchen auf die unterste Schiene in den Ofen schieben und 55 Minuten lang backen oder so lange, bis ein in den Kuchen gesteckter Spieß sauber herauskommt.

Den Kuchen nach dem Backen 5 Minuten in der Form abkühlen lassen, dann aus der Form auf einen Servierteller stürzen. Den Kuchen mit etwas Limettenabrieb servieren.

CRÈME CARAMEL

Ich musste diesen Klassiker, der auch Flan genannt wird, unbedingt veganisieren. Dieses cremige Dessert wirkt sehr aufwendig, ist aber einfach zuzubereiten – probiert es doch einmal aus!

FÜR **5 PORTIONEN**	ZEIT **60 MINUTEN**	SCHWIERIGKEIT **7/10**

Für das Karamell

200 g (1 cup) feiner Zucker

120 ml (½ cup) Wasser

Für die Puddingfüllung

480 ml (2 cups) Soja- oder Hafersahne

1 EL Vanilleextrakt

240 ml (1 cup) Sojamilch

6 EL Maismehl oder Speisestärke

5 EL Ahornsirup (oder mehr, je nach Geschmack)

Zum Anrichten

frische Minze

5 Dariolformen oder Auflaufförmchen aus Metall auf ein Backblech setzen.

Zuerst das Karamell herstellen. Dazu den Zucker mit dem Wasser in einen Topf geben und diesen bei schwacher Hitze auf den Herd stellen. Den Zucker zu einem bernsteinfarbenen Karamell schmelzen lassen. Das Karamell nicht umrühren, sondern nur die Pfanne leicht schwenken, damit es sich besser verteilen kann. Bitte seid sehr vorsichtig beim Umgang mit dem Karamell, denn es wird super heiß.

Ein paar Esslöffel Karamell in den Boden jeder Form /Auflaufform gießen. Vor der Zubereitung der Füllung das Karamell in den Formen vollständig aushärten und bei Raumtemperatur abkühlen lassen.

Für die Füllung die Soja- oder Hafersahne mit der Vanille in einen Topf geben und diesen bei schwacher Hitze auf den Herd stellen. Zum Kochen bringen.

In einer Rührschüssel Sojamilch, Maismehl und Ahornsirup glatt rühren.

Die Maismehlmischung zu der Sahne in den Topf geben und so lange rühren, bis sie dickflüssig und cremig ist. Ich verwende dazu abwechselnd einen Silikon-Teigschaber und einen Schneebesen, um jegliche Klümpchenbildung zu verhindern. Es sollte ungefähr 5 bis 6 Minuten dauern, bis sich der Pudding eingedickt hat. Sobald dies geschehen ist, den Herd ausschalten.

Den Pudding sauber in die Förmchen geben und mit der Rückseite eines Löffels glätten. Das Blech mit Frischhaltefolie abdecken und zum Abbinden mindestens 6 Stunden lang in den Kühlschrank stellen.

Vor dem Servieren die Crème Caramel vorsichtig auf einzelne Teller stürzen und mit frischer Minze garnieren.

IM GANZEN GEBRATENE ANANAS

So esse ich Ananas am liebsten. Außen wunderschön karamellisiert und innen durch das Braten noch saftiger und süßer.

FÜR **6 PORTIONEN**	ZEIT **30 MINUTEN**	SCHWIERIGKEIT **3/10**

2 EL Kokosblütenzucker

2 TL Zimt, gemahlen

½ TL Cayennepfeffer

1 EL Kokosöl

2 Ananas, geschält

Zum Anrichten

geröstete Kokosflocken

milchfreies Eis

frische Minze

Ahornsirup

Limettenabrieb

Den Backofen auf 180 °C vorheizen.

Den Kokosblütenzucker, den Zimt und den Cayennepfeffer in eine kleine Schüssel geben und miteinander mischen.

Eine große antihaftbeschichtete Pfanne bei mittlerer Hitze auf den Herd stellen und das Kokosöl hineingeben. Wenn das Öl heiß ist, die Ananas hinzufügen. Die Ananas so wenden, dass sie von allen Seite Farbe bekommt. Während des Bratens die Zuckermischung über die Ananas streuen.

Wenn beide Ananas goldfarben sind, diese auf ein Backblech legen und für 15 bis 20 Minuten in den Ofen geben.

Nach dem Backen die Ananas am Tisch aufschneiden und mit gerösteten Kokosflocken, Eis, frischer Minze, einem Spritzer Ahornsirup und etwas Limettenabrieb servieren.

AROMATISCHER GEWÜRZKUCHEN

FÜR **6–8 PORTIONEN**	ZEIT **90 MINUTEN**	SCHWIERIGKEIT **5/10**

½ reife Banane

240 ml (1 cup) Pflanzenmilch

100 g (½ cup) vegane Margarine

110 g (⅓ cup) Melasse

110 g (⅓ cup) Zuckerrübensirup

100 g (½ cup) brauner Zucker

225 g (1 ¾ cups) Mehl

1 TL Backpulver

2 TL Ingwer, gemahlen

1 TL Lebkuchengewürz

30 g (¼ cup) entkernte Datteln, fein gehackt

60 g (¼ cup) kandierter Ingwer, fein gehackt, plus etwas mehr zum Anrichten

Anrichten mit

Karamellsoße (Seite 210)

milchfreiem Eis

Den Backofen auf 180 °C vorheizen und eine 23-cm-Springform mit Backpapier auslegen.

In einer Rührschüssel die Banane mit der Milch zerdrücken, bis nur noch wenige Klumpen vorhanden sind.

In einer weiteren Schüssel Margarine, Melasse, Zuckerrübensirup und braunen Zucker miteinander verrühren, bis sich der Zucker aufgelöst hat. Das Mehl und das Backpulver in die Schüssel sieben und die Gewürze dazugeben. Nun alles so lange verrühren, bis die trockenen Zutaten vollständig eingearbeitet sind.

Die gehackten Datteln, den kandierten Ingwer und dann die Bananen-Milch-Mischung hinzufügen. Alles gut vermischen.

Den Kuchenteig in die Springform gießen und 55 Minuten lang im Ofen backen.

Nach 55 Minuten Backen einen sauberen Spieß in die Mitte des Kuchens stecken, um zu prüfen, ob der Kuchen fertig ist. Wenn der Spieß sauber herauskommt, ist der Kuchen gar. Wenn nicht, noch etwas länger backen.

Den Kuchen nach dem Backen 15 Minuten stehen lassen und dann erst vorsichtig aus der Kuchenform nehmen. Nun den Kuchen auf einem Kuchengitter vollständig abkühlen lassen.

Zum Servieren den Kuchen mit etwas extra kandiertem Ingwer garnieren und mit Karamellsoße und Eis servieren.

LIMETTENTÖRTCHEN

| FÜR **5–6 PORTIONEN** | ZEIT **35 MINUTEN** | SCHWIERIGKEIT **5/10** |

CAN
BE
GF

160 g (⅔ cup) vegane Butter, geschmolzen, plus etwas mehr zum Einfetten

1 Packung 250 g Karamellgebäck oder vegane Kekse nach Wahl

Für die Limettenfüllung

1 x 400 ml Dose Kokosmilch

2 EL frische Limettenschale

Saft von 2 Limetten

½ TL Matcha (optional)

280 ml (1 ¼ cups) Mandelmilch

4 EL Maismehl oder Speisestärke

5 EL feiner Zucker

Zum Anrichten

Weiches Baiser nach italienischer Art (Seite 210)

frische Limettenscheiben

frische Brombeeren

Den Backofen auf 180 °C vorheizen und eine 23-cm-Springform oder fünf kleinere Formen (10 cm Durchmesser) leicht einfetten.

Die Kekse in eine Küchenmaschine geben und zu Krümeln hacken. Während des Hackens die geschmolzene Butter hinzufügen. Die Keksmischung in die gefettete(n) Kuchenform(en) geben und die Mischung mit einem Löffel festdrücken, um einen harten Keksboden zu erstellen. Die Mischung auch an den Seiten der Form(en) hochdrücken und glätten. Dabei sicherstellen, dass sie gleichmäßig verteilt ist.

Die Form(en) in den Ofen stellen und 12 Minuten lang backen. Herausnehmen und abkühlen lassen.

Für die Zubereitung der Limettenfüllung die Kokosmilch vorsichtig mit der Limettenschale, dem -saft und Matcha (falls verwendet) in einem mittelgroßen Topf bei schwacher Hitze erhitzen.

Mandelmilch, Maismehl und Zucker in eine Schüssel geben und verquirlen, bis alles gut vermischt ist. Wenn die Kokosmilch heiß ist, die Mandelmilchmischung dazu gießen und auf der heißen Platte so lange rühren, bis die Mischung anzudicken beginnt.

Noch 2 Minuten weiter rühren oder so lange, bis die Mischung super dick und puddingartig ist.

Die Limettenmischung vorsichtig in die abgekühlte(n) Kuchenform(en) gießen. Die Füllung mit einer Winkelpalette ordentlich verteilen. Dann eine Schicht Frischhaltefolie direkt über die Füllung legen und dabei darauf achten, dass keine Lufteinschlüsse vorhanden sind. Dies ist wichtig – es verhindert die Bildung von Haut.

Die Törtchen vor dem Servieren mindestens 4 Stunden lang in den Kühlschrank stellen.

Das Baiser nach der Anleitung auf Seite 210 zubereiten. Auf die Torte(n) geben und mit einem Flambierbrenner bräunen, alternativ etwa eine Minute lang unter einen heißen Grill stellen, bis das Baiser braun ist. Zum Servieren Limettenscheiben und Brombeeren auf die Törtchen geben.

WEICHES BAISER NACH ITALIENISCHER ART

ERGIBT CA. 2 TASSEN

240 ml (1 cup) Kichererbsenwasser

60 g (½ cup) Puderzucker

1 TL Vanilleextrakt

¼ TL Xanthan

¼ TL Weinsteinbackpulver

Alle Zutaten in eine Rührschüssel geben und mit einem elektrischen Schneebesen verquirlen, bis steife Spitzen entstehen. Dies sollte ungefähr 5 Minuten dauern.

Das Baiser auf Kuchen, Pies oder Torten geben und mit einer Lötlampe / Flambierbrenner (oder unter einem heißen Grill) bräunen, um einen karamellisierten Geschmack zu erzielen.

Alternativ könnt ihr das Baiser 4 bis 5 Stunden lang im Ofen bei 100 °C backen.

KARAMELLSOSSE

ERGIBT CA. 2 TASSEN

200 g (1 cup) feiner Zucker

4 EL Zuckerrübensirup

120 ml (½ cup) pflanzliche Sahne, wie Soja oder Hafer

115 g (½ cup) vegane Margarine

1 TL Vanillepaste, oder mehr nach Geschmack

Den Zucker und den Zuckerrübensirup in einen schweren Topf geben. Diesen bei mittlerer Hitze auf den Herd stellen und den Zucker zu einem bernsteinfarbenen Karamell schmelzen lassen.

Nach dem Karamellisieren den Topf vom Herd nehmen und die Sahne und die Margarine vorsichtig unterrühren.

Wenn beides gut eingearbeitet ist, die Soße wieder bei schwacher Hitze erwärmen und die Vanille nach Geschmack einrühren.

KOKOSCREME

ERGIBT CA. 1 ½ TASSEN

1 x 400 ml Dose Vollfett-Kokosmilch (gekühlt)

3 EL Puderzucker oder Süßstoff nach Wahl

1 TL Vanilleextrakt

Die dicke, cremige Kokosmilch aus der Dose schöpfen und den wässrigen Teil entsorgen.

Die cremige Kokosmilch zusammen mit dem Puderzucker und der Vanille in eine Rührschüssel geben und mit einem elektrischen Schneebesen verquirlen, bis die Mischung dick und cremig ist.

Die Creme im Kühlschrank aufbewahren, bis sie gebraucht wird. Sie hält sich in einem luftdichten Behälter so 2 bis 3 Tage lang.

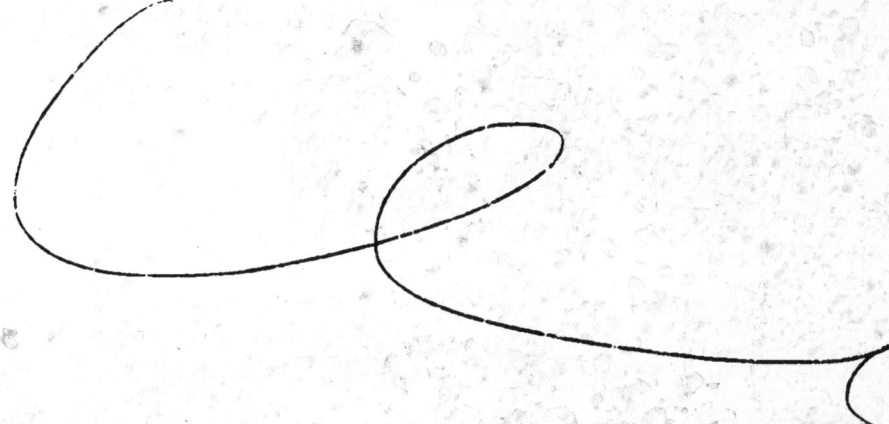

TELLER-AUFTEILUNG

GEMÜSE UND / ODER OBST
50 %

GETREIDE UND STÄRKE
25 %

PROTEIN
25 %

FETTE

MILCH-ERSATZ

NAHRUNGS-ERGÄNZUNGS-MITTEL

Die Teller-Aufteilung ist ein einfaches visuelles Werkzeug, um sicherzustellen, dass eure Mahlzeiten ausgewogen sind. Visualisiert dieses Verhältnis für eine Mahlzeit, egal ob ihr sie auf einem Teller oder in einer Schüssel anrichtet.

Das obige Diagramm vereinfacht die Portionsgrößen und skizziert allgemeine Lebensmittelgruppen, die in eine ausgewogene Mahlzeit aufgenommen werden sollten.

TIPP: Viele meiner Rezepte können ölfrei zubereitet werden. Tauscht das Öl beim Kochen einfach durch etwas Wasser aus.

feat. @pickuplimes

INDEX

IMPRESSUM

Gaz Oakley
Plants only
70 vegane, schnelle Rezepte mit dem Proteinkick für busy people
1. Auflage 2020
ISBN 978-3-96257-158-0
© Narayana Verlag GmbH 2020

TITEL DER ORIGINALAUSGABE
Plants Only Kitchen
Over 70 Delicious, Super-simple, Powerful and
Protein-packed Recipes for Busy People
TEXT, DESIGN AND LAYOUT COPYRIGHT © 2020 Quadrille,
an imprint of Hardie Grant Publishing

ÜBERSETZUNG AUS DEM ENGLISCHEN Simone Fischer
DESIGN White Sky Creative
SATZ Narayana Verlag GmbH
FOOD FOTOGRAF Simon Smith
LIFESTYLE FOTOGRAF Peter O'Sullivan

HERAUSGEBER
Unimedica im Narayana Verlag GmbH,
Blumenplatz 2, D-79400 Kandern
Tel.: +49 7626 974 970-0
E-Mail: info@unimedica.de
www.unimedica.de

FSC
www.fsc.org
MIX
Paper from
responsible sources
FSC® C020056

DANKSAGUNG

Es gibt so viele Menschen, denen ich danken möchte — denn ich habe das Glück, ein großartiges Team um mich herum zu haben.

Ganz vielen Dank an meine unglaubliche Familie — Mama, Papa und Schwester Charlotte — für all die Unterstützung. Papa, danke, dass du mir geholfen hast, die Rezepte zu testen, und Mama, danke, dass du sie gegessen hast! Danke für all die erstaunliche Arbeit, die ihr hinter den Kulissen bei der Arbeit an Avant-Garde Vegan geleistet habt — ihr seid die Besten!

Danke an Mark Parry und Joe Horner, zwei liebe Freunde, die mir während des Fotoshootings sehr geholfen haben. Es war anstrengend, aber es hat total viel Spaß gemacht.

Simon Smith, Ashley und Simon #2, vielen Dank für all eure Bemühungen beim Shooting der Gerichte. Die Bilder sehen wunderschön aus, und es macht so viel Freude, mit euch zu arbeiten. Ich kann das nächste Buch kaum erwarten.

Tom Lewis, mein Kumpel und Schöpfer epischer Inhalte. Vielen Dank für all deine Arbeit an meinen Videos und dass du mir geholfen hast, die bestmöglichen Inhalte zu erstellen und meine Visionen zum Leben zu erwecken.

Zoe, meine Agentin und Freundin, vielen Dank für all deine harte Arbeit. Ohne dich könnte ich das alles nicht tun.

Peter O'Sullivan, vielen Dank, dass du die Lifestyle-Bilder geschossen hast und mich dabei halbwegs anständig aussehen lässt, ha!

Vielen Dank an White Sky Creative, dass ihr das Buch so schön zusammengestellt habt.

Quadrille/Hardie Grant, vielen Dank für all eure harte Arbeit, die ihr für dieses Buch geleistet habt.

Und schließlich ...

Vielen Dank an meine unglaublichen Unterstützer für den Kauf von Plants Only. Es bedeutet die Welt für mich.

Gaz

BROCCOLI
£2.20/kg